Hallo ____________________
(Dein Name)

Das sind die Zahlen von 1 bis 10:

1	2	3	4	5	6	7	8	9	10

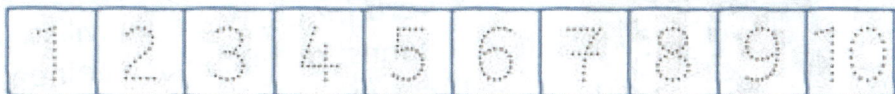

▶ Fahre sie hier zur Übung nach.

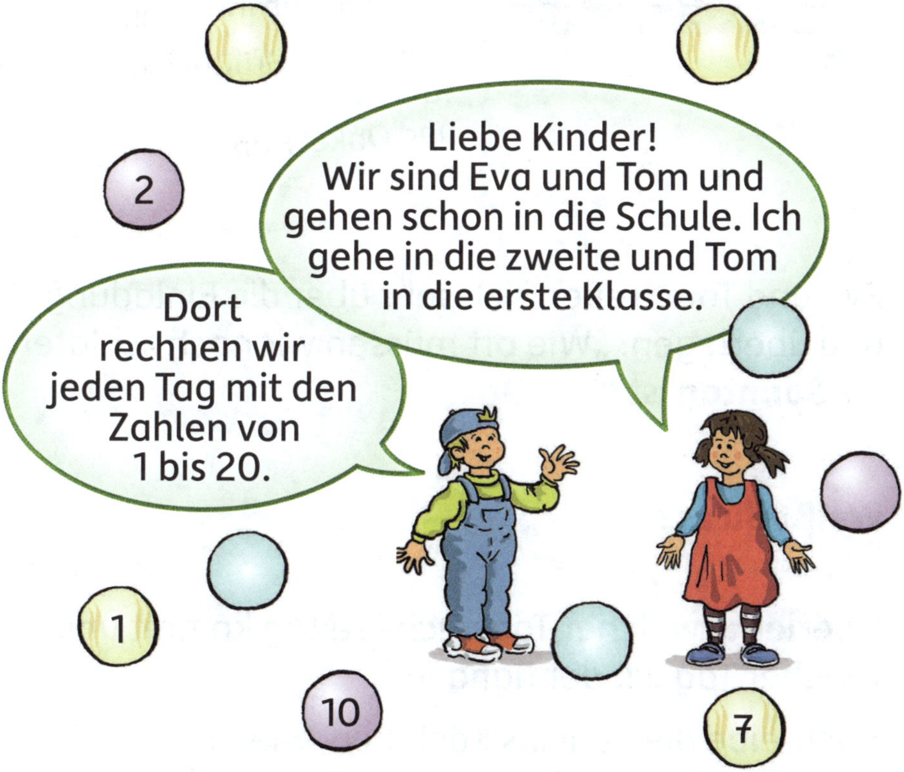
Liebe Kinder! Wir sind Eva und Tom und gehen schon in die Schule. Ich gehe in die zweite und Tom in die erste Klasse.
Dort rechnen wir jeden Tag mit den Zahlen von 1 bis 20.
2
1
10
7

▶ Schreibe die fehlenden Zahlen von 1 bis 10 in die Bälle.

Am **Freitag** findet
Eva diesen Brief im
Briefkasten:

Liebe Eva!

Du bist herzlich eingeladen,
deine Osterferien bei uns
auf dem Bauernhof zu
verbringen. Wenn du willst,
kannst du auch noch deinen
Freund Tom mitnehmen. Ihr
könnt schon diesen Sonntag
kommen. Gib uns bald
Bescheid, ob ihr kommt!

Viele liebe Grüße von
Tante Anna
und Onkel Hans

Eva und Tom freuen sich sehr über die Einladung
und überlegen: „Wie oft müssen wir noch schlafen,
bis **Sonntag** ist?"

Weißt du es?

Überlege, welcher Tag nach Freitag kommt und
welcher Tag wieder danach.

▶ Schreibe die Zahl ins Kästchen, wie oft
Eva und Tom noch schlafen müssen.

Eva und Tom freuen sich sehr auf die Ferien.

▶ Verbinde die Zahlen von 1 bis 10. Nun siehst du, drei Tiere, die es auf dem Bauernhof gibt.

Heute ist es soweit! Die Kinder kommen auf dem Bauernhof an. Da gibt es eine Menge zu entdecken.

 6

- ▶ Sieh dir das Bild genau an.
- ▶ Zähle, was du siehst.
- ▶ Trage die Zahlen in die Kästchen ein.

Tante Anna und Onkel Hans haben drei Kinder:

| Marie | Flori | Vroni |

Die Kinder zeigen dir, wie alt sie sind.

▶Schreibe die Zahlen in die Kästchen darunter.

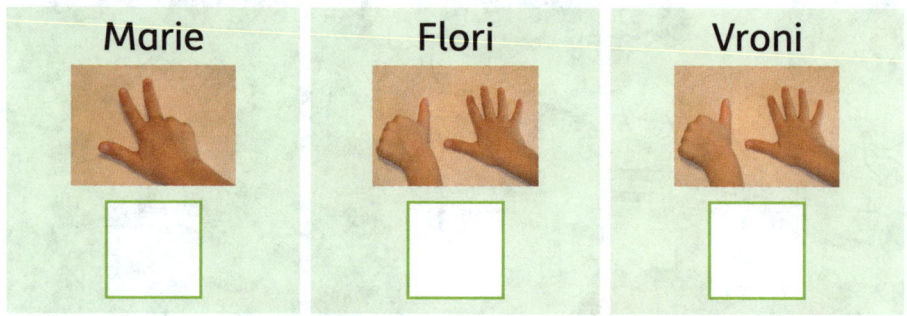

Fällt dir bei Flori und Vroni etwas auf?

Beide sind ☐ Jahre alt.

Sie sind Zwi_____.

Wie alt bist du? ☐

▶Male ein Fingerbild.

Die Bäuerin bereitet nachmittags ein Begrüßungs-
essen zu. Sie deckt den Tisch für **sich**, **ihren Mann**
und die **fünf Kinder**.

Für wie viele Personen muss sie decken?

Sie ist noch nicht fertig.

▶ **Male dazu**, was **fehlt**, damit jeder das Gleiche
bekommt.

▶ Schreibe die Zahl der **fehlenden** Dinge in die
Kästchen daneben.

Nach dem Essen sehen sich Eva und Tom im Haus der Familie um und entdecken diese Dinge.

▶ Sage, wie sie heißen.

▶ Trage die fehlenden Zahlen ein.

▶ Welche Zahl gehört auf diesen Geldschein?
Schau dir echte Geldscheine an, dann weißt du es!

In der Zwischenzeit haben Marie, Flori und Vroni für Eva und Tom Zahlenschlangen gemalt. Es fehlen aber einige Zahlen.

▶ Schreibe sie dazu.

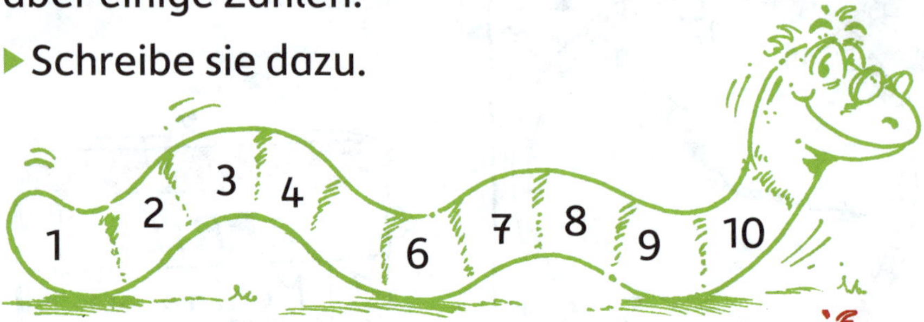

1 2 3 4 6 7 8 9 10

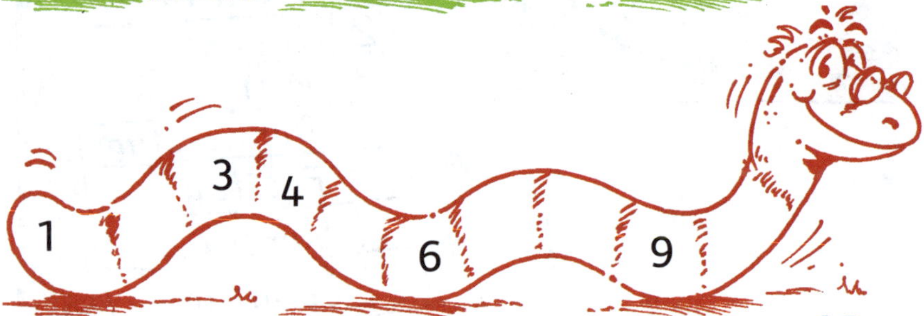

1 3 4 6 9

1 5 6 8

▶ Schreibe die fehlenden Zahlen von 10 bis 1 auf.

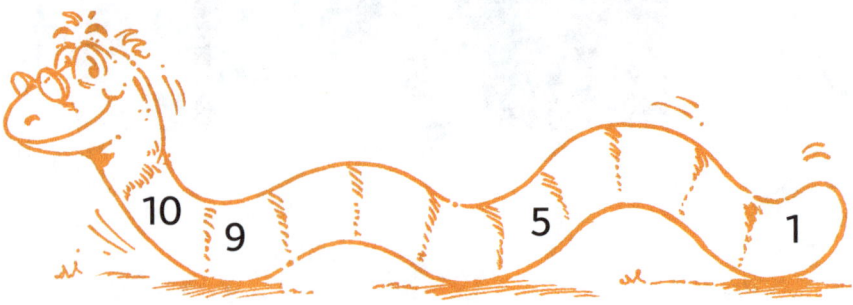

10 9 5 1

An der Wand hängen Tierfotos. Leider sieht man die Beine der Tiere nicht. Du weißt aber sicher, wie viele Beine jedes Tier hat.

▶ Tiere mit 2 Beinen: Male den Rahmen blau an.

▶ Tiere mit 4 Beinen: Male den Rahmen rot an.

Anschließend schenken Tom und Eva den Kindern ein Zahlenbuch.

▶ Male immer die Zahl im Kreis an, die darüber steht. Beachte: Sie kommt jeweils mehrfach vor.

Die **4**
kommt **dreimal** vor:

Die **7**
kommt **viermal** vor:

Die **8**
kommt **viermal** vor:

Die **2**
kommt **fünfmal** vor:

Nun bittet Tante Anna die Kinder, ihr zu helfen.
Sie sollen Körbe mit Obst und Gemüse füllen.
Auf jedem Korb steht, wie viel insgesamt im Korb
sein soll.

▶ Male fehlendes Obst und Gemüse dazu.

Danach blättern die Kinder interessiert im Arbeitsheft der Zwillinge.

Dort sind Zahlen **verschieden** dargestellt.

▶ Sieh sie dir erst an.

▶ Schneide die Bilder rechts am Rand aus und klebe sie passend auf.

▶ **Male** dazu, was fehlt.

Zahl	Würfelaugen	Tiere	Finger
2			
3		Bild hineinkleben	
4	Bild hineinkleben		
6	Bild hineinkleben		Bild hineinkleben

▶ Ergänze die Striche oder Zahlen.

		1
	3
||||| (tally 5)	
|||||	(tally 6)	
	7

	9
||||| ||||| (tally 10)	

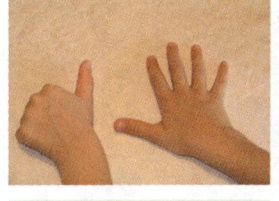

▶ Schreibe und male dazu, was fehlt.

Zahl	Zahlwort	Menge – male fertig
1	eins	
2	zwei	
3		
5		
	sieben	
9		

16

Heute machen die Kinder Würfelspiele, weil es regnet. Immer zwei Würfelbilder haben zusammen die gleiche Augenzahl.

▶ Verbinde sie miteinander.

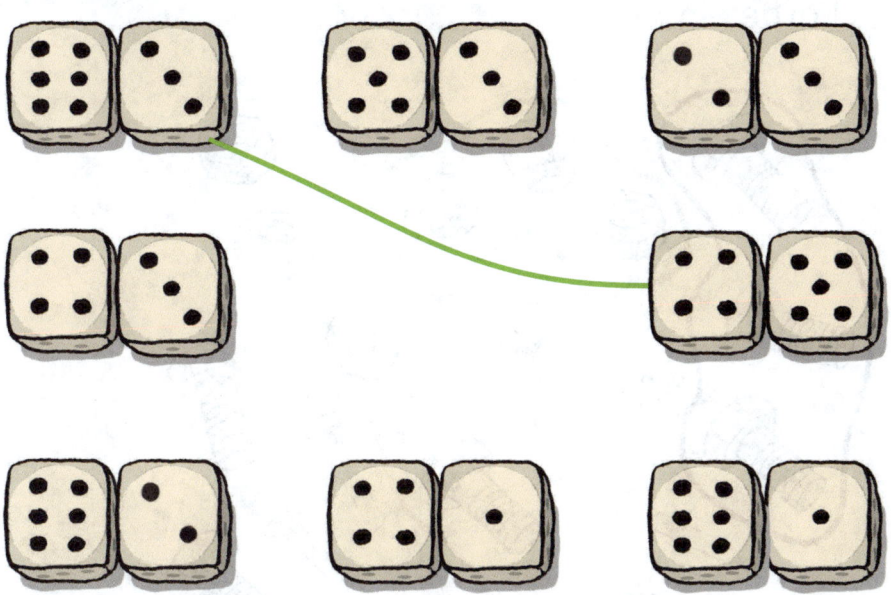

▶ Male die fehlenden Würfelaugen dazu.

Am nächsten Morgen dürfen die Kinder in die Werkstatt von Onkel Hans. Sie helfen ihm dabei, sein Werkzeug zu ordnen.

▶ Kreise immer 3 gleiche Dinge mit derselben Farbe ein.

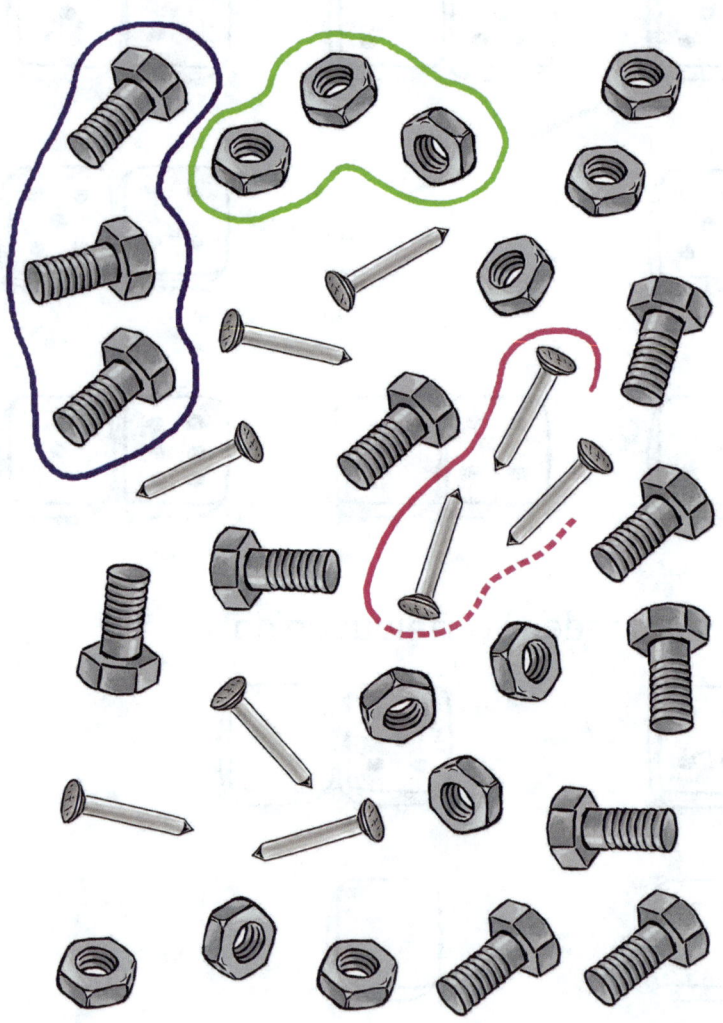

Dann packen sie die Nägel in Tütchen.

▶ Kreise immer 10 Nägel ein.

Wie viele bleiben übrig?

Danach ordnen die Kinder Dinge in Schachteln ein. Auf der Schachtel steht, wie viele Nägel oder Plättchen hineingehören.

▶ Male die fehlenden Dinge auf der **leeren** Seite dazu.

▶ Beschrifte die Schachteln.

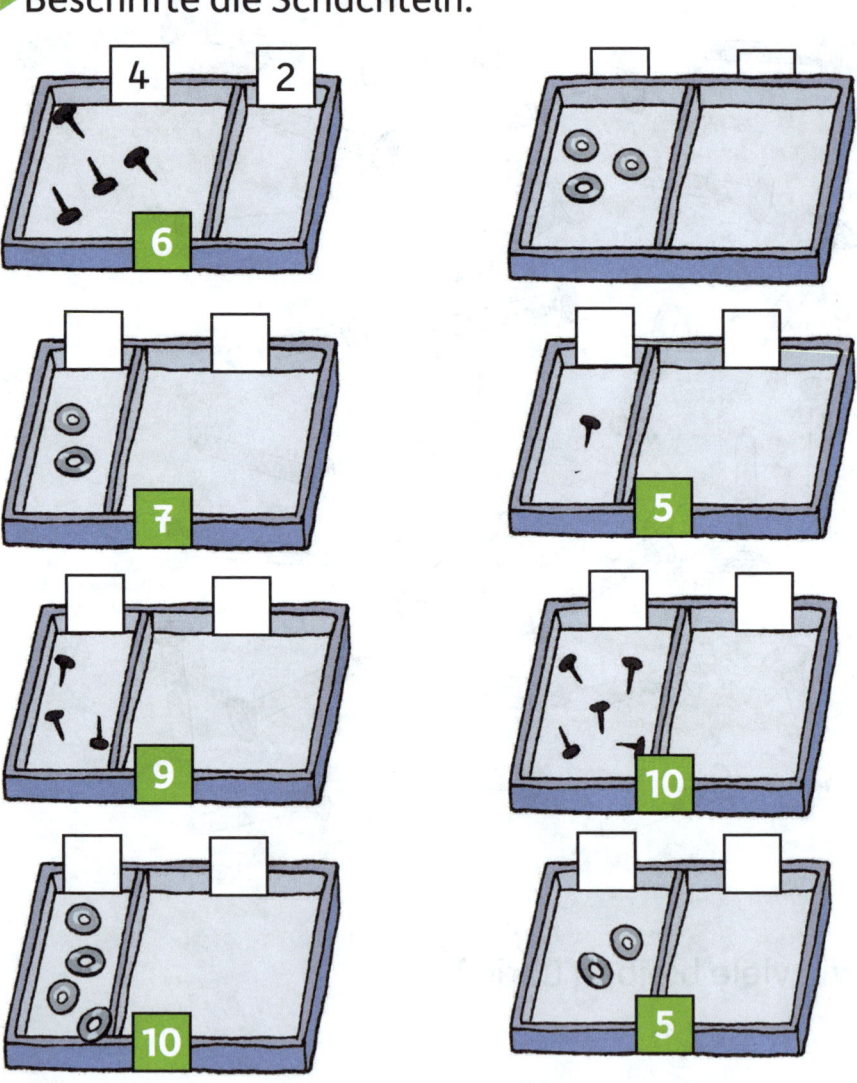

Nachdem es in der Werkstatt wieder ordentlich ist,
überlegen die Kinder:

„Wer von uns ist der Größte?"

▶ Ordne die Kinder der Größe nach.
  Beginne beim Größten mit der Nummer 1.

Manchmal fällt den Kindern die Reihenfolge der Zahlen noch schwer. Geht es dir auch so?

Übe hier die Reihenfolge der Zahlen.

▶ Trage die fehlenden Zahlen ein:

1			4	5		7			10

4	5			7			9	

Wer ist Vorgänger
und wer ist Nachfolger?

▶ Trage ein!

3	4	
	7	
	5	
	9	
	8	

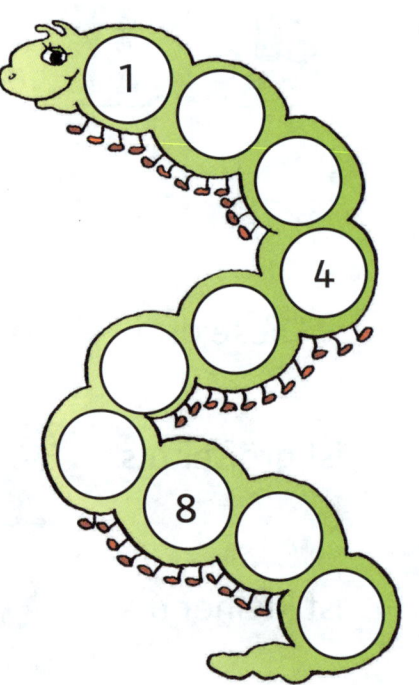

Tante Anna füllt Eierschachteln für das Osterfest.
Schreibe die Anzahl neben die Schachteln.

▶ Vergleiche sie. Setze > oder < oder = ein.

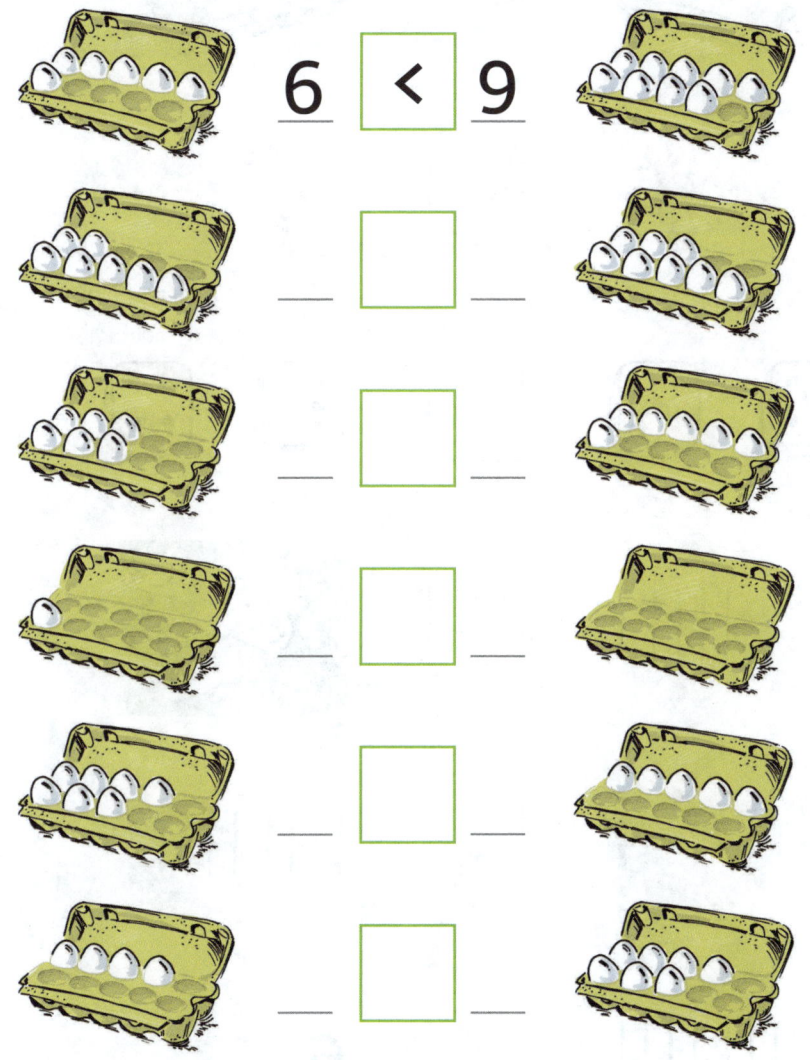

6 < 9

▶ Kreise die Schachtel mit den meisten Eiern ein.

▶ Setze ein: größer als >, kleiner als < , gleich =.

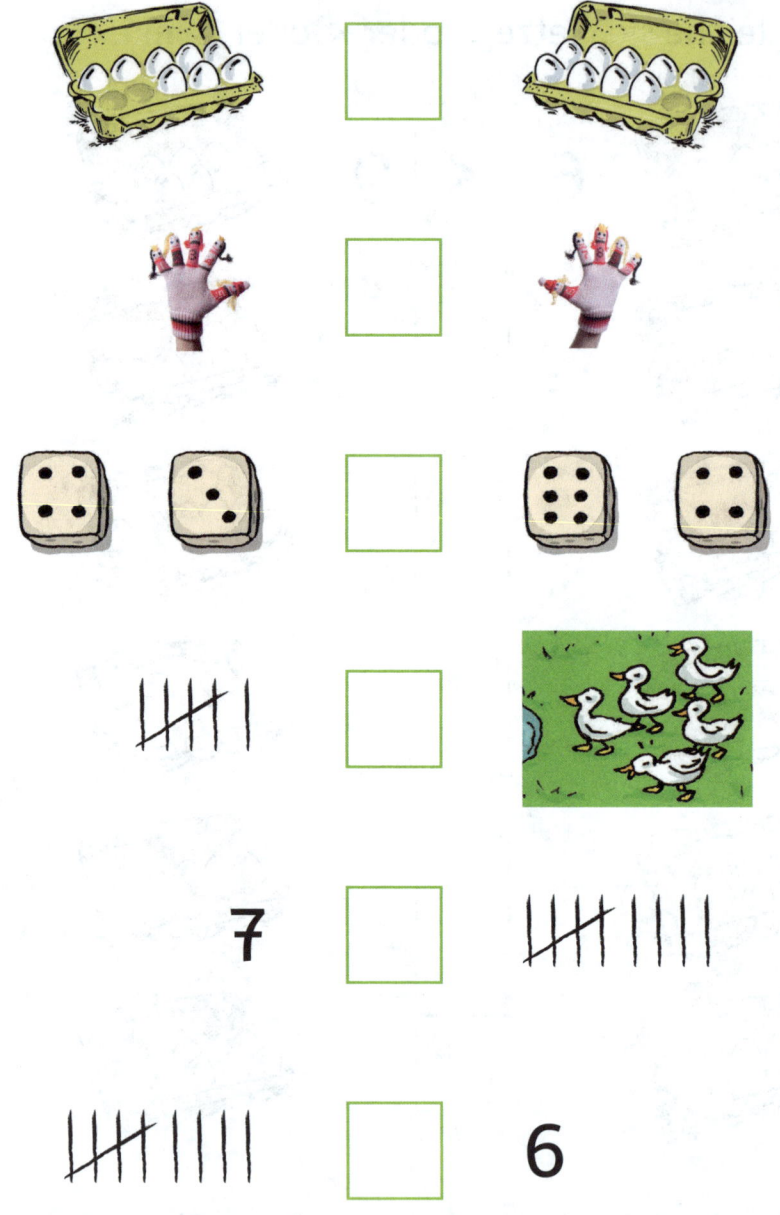

▶ Setze > oder < oder = ein.

3 $\boxed{<}$ 5   6 $\boxed{\phantom{<}}$ 4   2 $\boxed{\phantom{<}}$ 9

7 $\boxed{\phantom{<}}$ 10   9 $\boxed{\phantom{<}}$ 8   5 $\boxed{\phantom{<}}$ 4

5 $\boxed{\phantom{<}}$ 5   10 $\boxed{\phantom{<}}$ 9   4 $\boxed{\phantom{<}}$ 6

▶ Male oder schreibe selbst noch
  drei Aufgaben dazu.

	$<$	
	$>$	
	$=$	

25

Flächenformen kennenlernen

Marie spielt mit Bauklötzen. Dabei
kommen die Schulkinder auf die
Idee, Geometrie für die Schule
zu üben. Machst du mit?

Hier geht es um:

Kreis   **Dreieck**   **Rechteck**   **Quadrat**

▶ Kennst du diese
Formen?

▶ Sage laut, wie sie
heißen.

▶ Woran erinnern sie dich
aus deiner Umgebung?

▶ Male einen Turm aus
diesen 4 Formen.

▶ Fahre alle Formen in der richtigen Farbe nach. Benutze Buntstifte.

▶ Schreibe auf, wie diese Formen heißen:

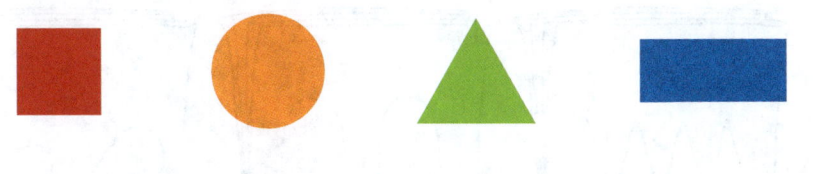

_____   _____   _____   _____

▶ Male die Perlenkette fertig.

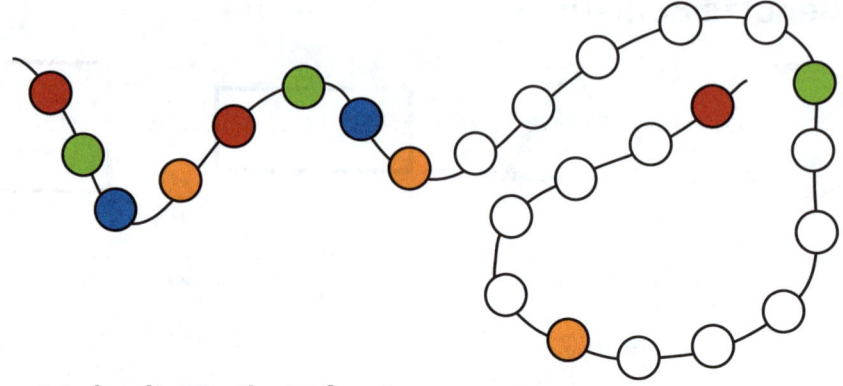

▶ Male die Reihen fertig.

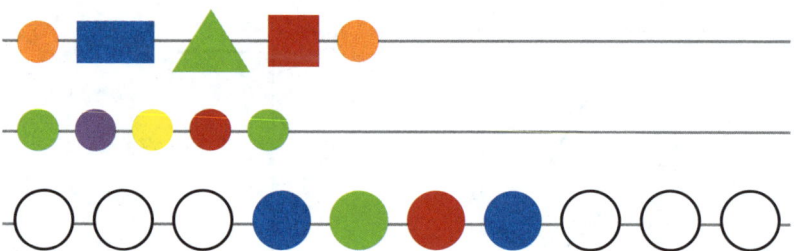

Scherenschnitte machen Spaß.

▶ Falte ein Papier zweimal und male an der Faltlinie diese Formen. Schneide sie aus und lass dich überraschen!

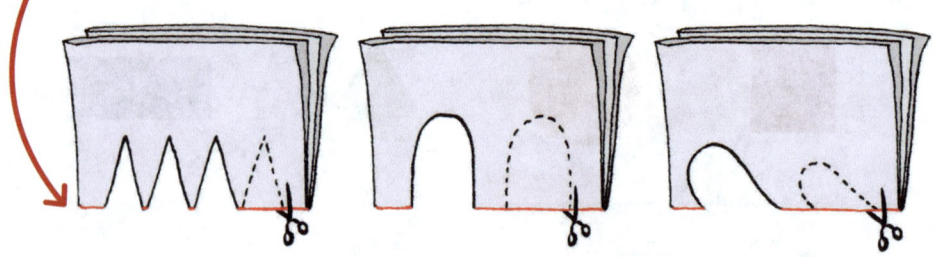

Zeichne die Formen so dazu, dass in jeder Reihe nach unten und zur Seite **jede Form** nur **einmal** vorkommt.

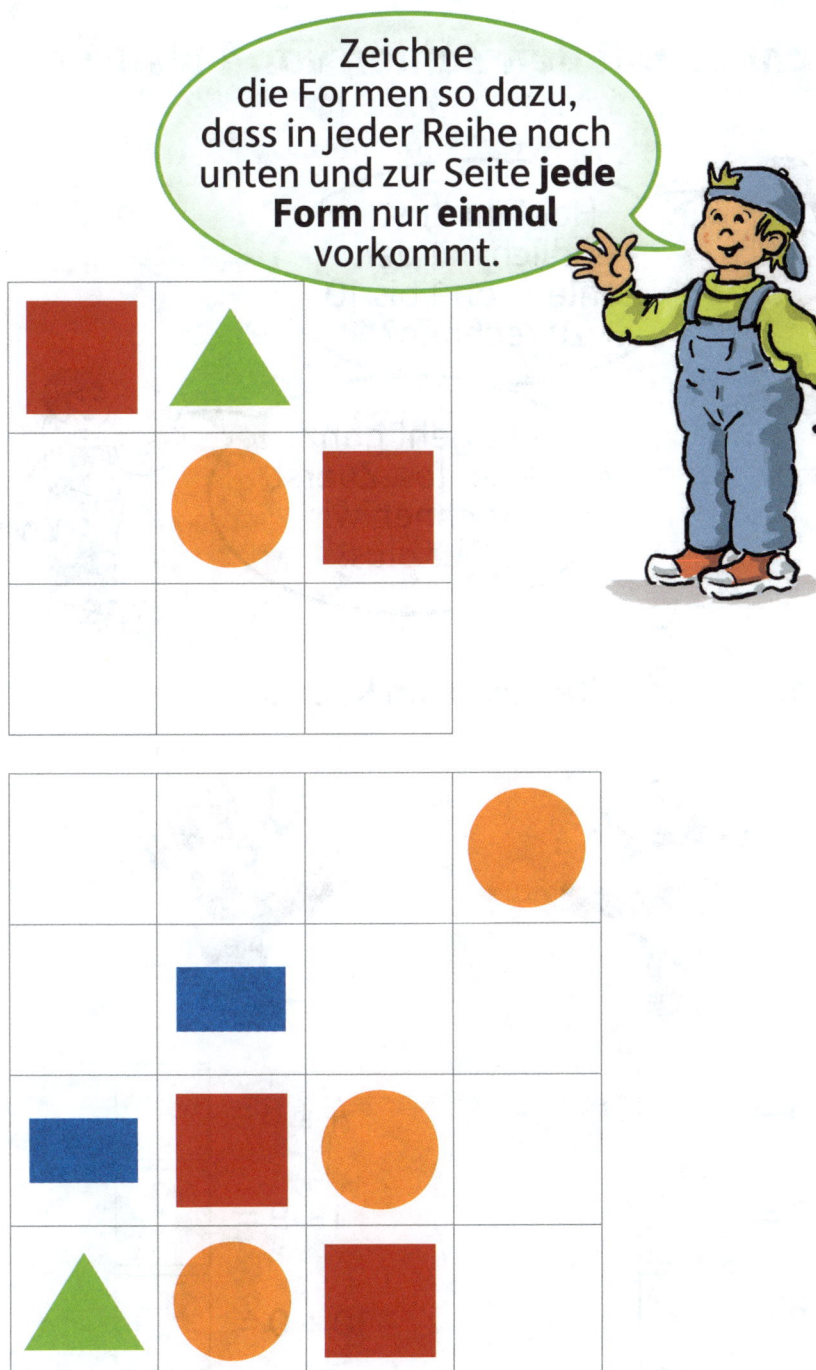

Rechnen mit den Zahlen von 1 bis 10

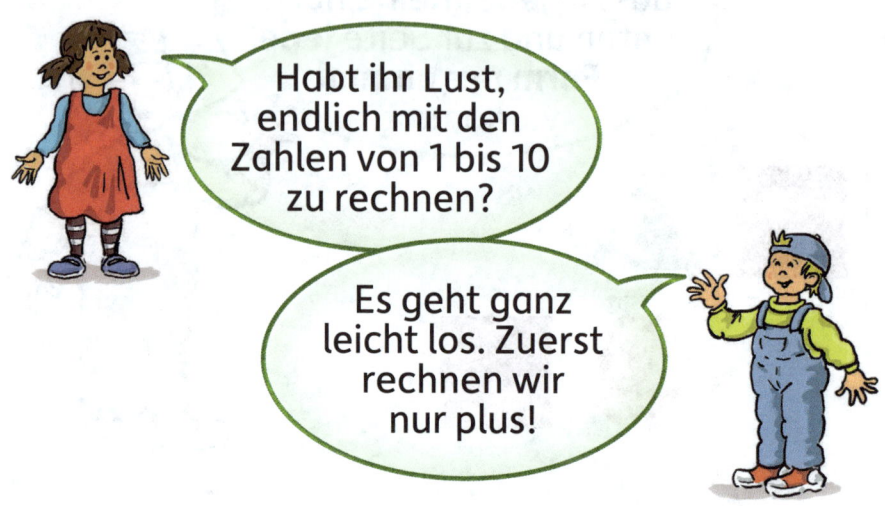

Deine Finger helfen dir beim Rechnen.

$5 + 5 =$ ☐

$3 + 7 =$ ☐

$8 + 2 =$ ☐

$4 + 6 =$ ☐

$1 + 9 =$ ☐

$10 + 0 =$ ☐

▶Rechne immer **+ 4** und schreibe die Zahl ins untere Kästchen.

1 **+ 4**	2 **+ 4**	6 **+ 4**	1 **+**	5	3
5					

▶Rechne jetzt immer **+ 5**.

1 **+ 5**	4 **+ 5**	3	5	2	0

▶Jetzt wird immer + 2 gerechnet.

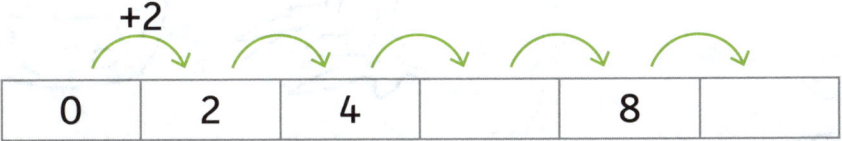

+2

0	2	4		8	

▶Jetzt wird immer + 3 gerechnet.

+3

0	3	6	

▶Trage ein, was hier gerechnet wurde.

+1   +   +   +   +

0	1	4	6	7	10

„Kikeriki!", schreit der Hahn Hugo.

▶ Rechne aus und male dann die Ergebniszahl
im Hahn an.

$3 + 5 =$ 8 $1 + 8 =$ ☐ $2 + 2 =$ ☐

$2 + 3 =$ ☐ $3 + 3 =$ ☐ $5 + 4 =$ ☐

$3 + 4 =$ ☐ $5 + 5 =$ ☐ $4 + 4 =$ ☐

$4 + 5 =$ ☐ $5 + 2 =$ ☐ $4 + 2 =$ ☐

Wem gehört welcher Luftballon?

▶ Rechne aus und verbinde.

Die Kinder machen einen **Flohmarkt** auf dem
Bauernhof und **verkaufen** diese Dinge:

5 €   2 €   4 €   7 €

1 €   6 €   2 €   3 €

▶ Rechne aus, wie viel die Dinge zusammen kosten.
Denke an das €-Zeichen.

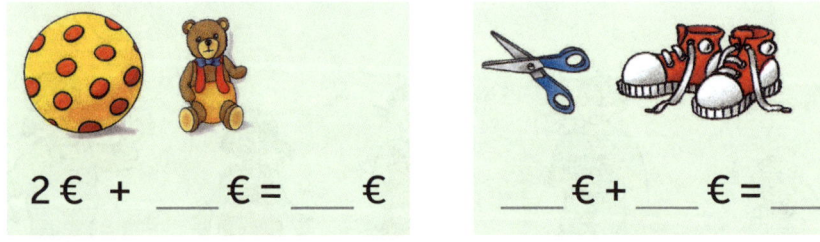

2 € + ____ € = ____ €   ____ € + ____ € = ____ €

_____

_____

Mathe auf dem Bauernhof

1. Klasse

Dieser Lösungsteil ist herausnehmbar!
Klammern in der Mitte des Heftes öffnen!

Seite 1

fehlende Zahlen: ③ ④ ⑤ ⑥ ⑧ ⑨

Seite 2

Eva und Tom müssen noch zweimal schlafen.

Seite 3

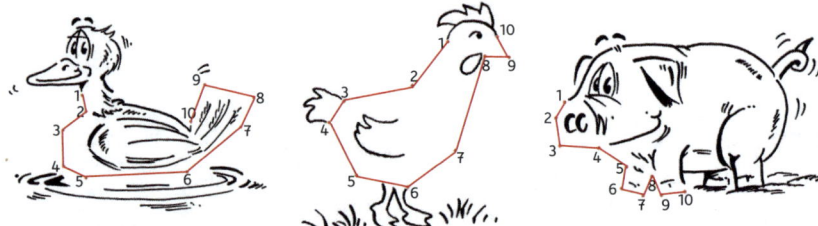

Seite 4/5

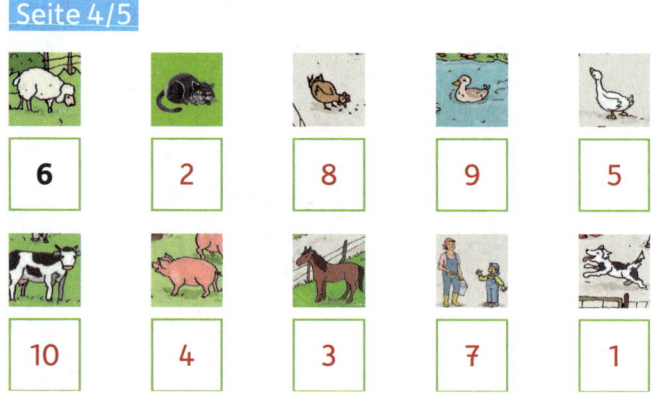

6	2	8	9	5

10	4	3	7	1

Seite 6

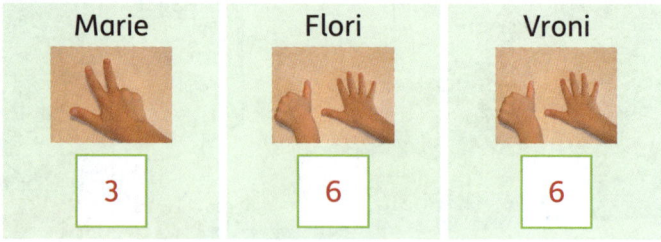

Marie	Flori	Vroni
3	6	6

Beide sind 6 Jahre alt. Sie sind Zwillinge.

Seite 7

Bäuerin Anna muss für 7 Personen decken.

(Äpfel)	3
(Muffins)	1
(Erdbeeren)	0
(Gläser)	4
(Teller)	6
(Löffel)	5

Seite 8/9

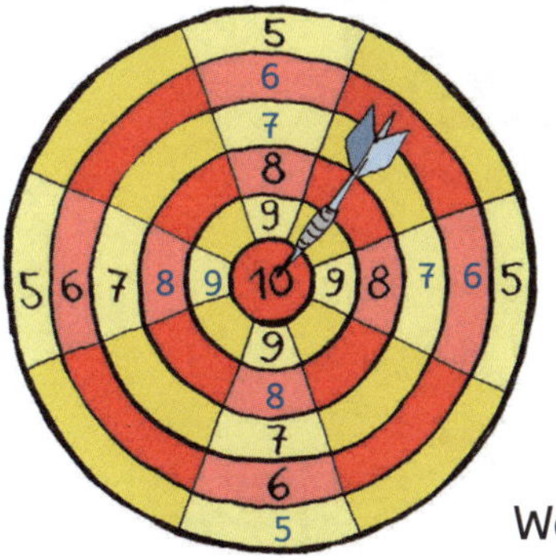

Dartscheibe

Telefon

Wanduhr

Kalender

10-Euro-Schein

Seite 10

 1 2 3 4 5 6 7 8 9 10

1 2 3 4 5 6 7 8 9 10

1 2 3 4 5 6 7 8 9 10

10 9 8 7 6 5 4 3 2 1

Seite 11

Seite 12

Seite 13

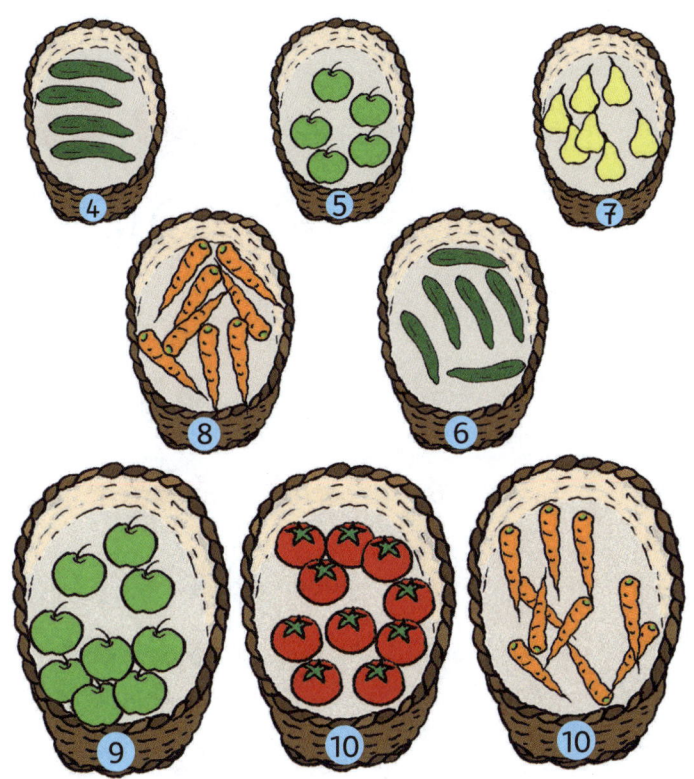

Seite 14

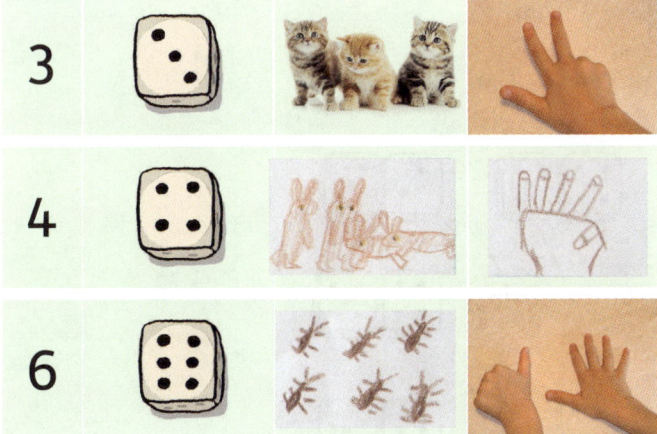

Seite 15

|	**1**
||	2
|||	**3**
||||	4
||||	5
|||| |	6
|||| ||	**7**
|||| |||	8
|||| ||||	**9**
|||| ||||	10

Seite 16

1	eins	⭐
2	zwei	❤️❤️
3	drei	😊😊😊
4	vier	🔺🔺🔺🔺
5	fünf	🟩🟩🟩🟩🟩
6	sechs	🟠🟠🟠🟠🟠🟠
7	sieben	🔵🔵🔵🔵🔵 🔵🔵
8	acht	•• •• / •• ••
9	neun	••• ••• •••
10	zehn	▪️▪️▪️▪️▪️

Seite 17

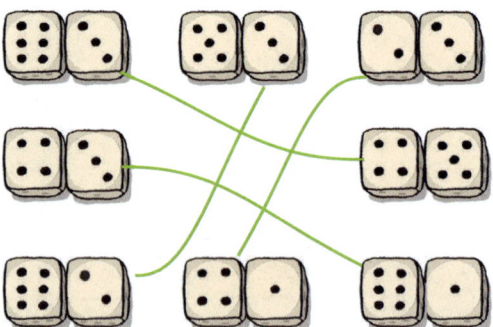

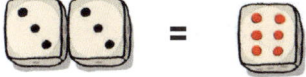

Seite 18

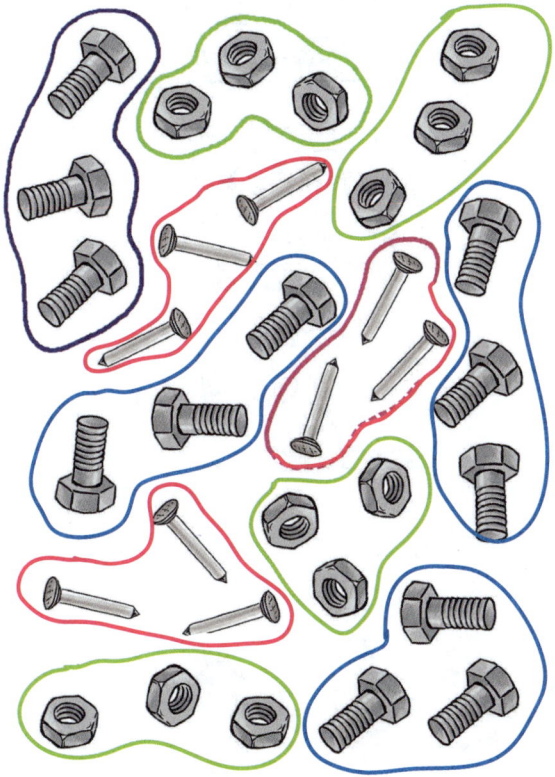

Seite 19

Es bleiben 2 Nägel übrig.

Seite 20

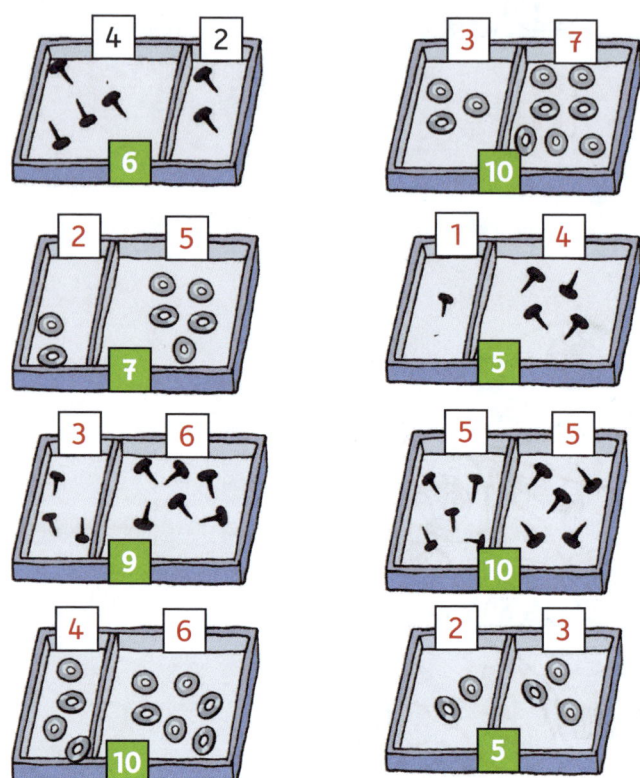

Seite 21

Seite 22

| 1 | 2 | 3 | 4 | 5 | 6 | 7 | 8 | 9 | 10 |

4	5	6	7	8	9	10

3	4	5
6	7	8
4	5	6
8	9	10
7	8	9

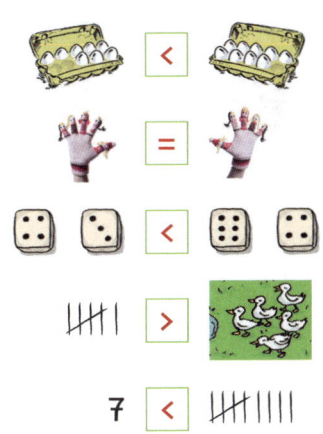

Seite 23

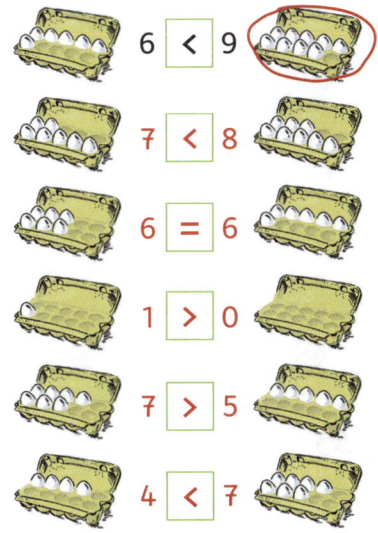

6 < 9

7 < 8

6 = 6

1 > 0

7 > 5

4 < 7

Seite 24

<

=

<

|||| | >

7 < |||| ||||

|||| |||| > 6

Seite 25

3 < 5   6 > 4   2 < 9

7 < 10   9 > 8   5 > 4

5 = 5   10 > 9   4 < 6

Lass einen Erwachsenen deine eigenen Aufgaben überprüfen.

Seite 26

Beispiel:

Seite 27

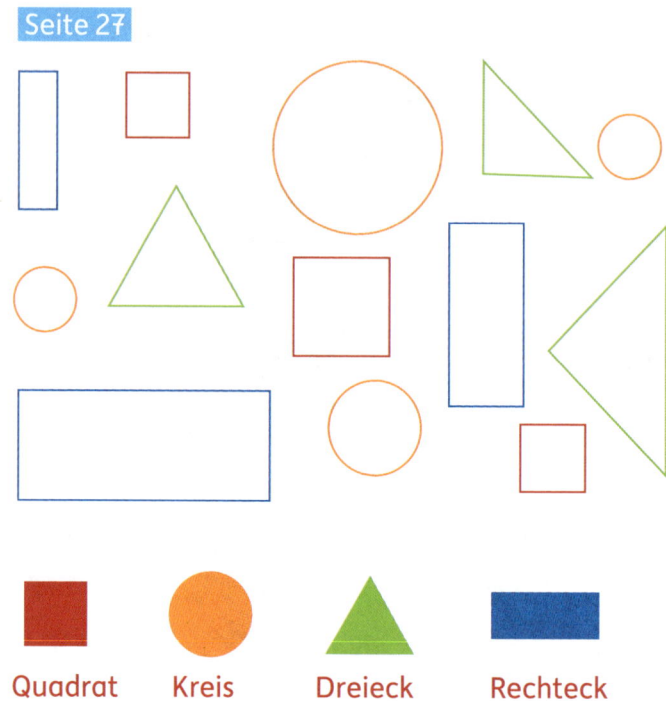

Quadrat Kreis Dreieck Rechteck

Seite 28

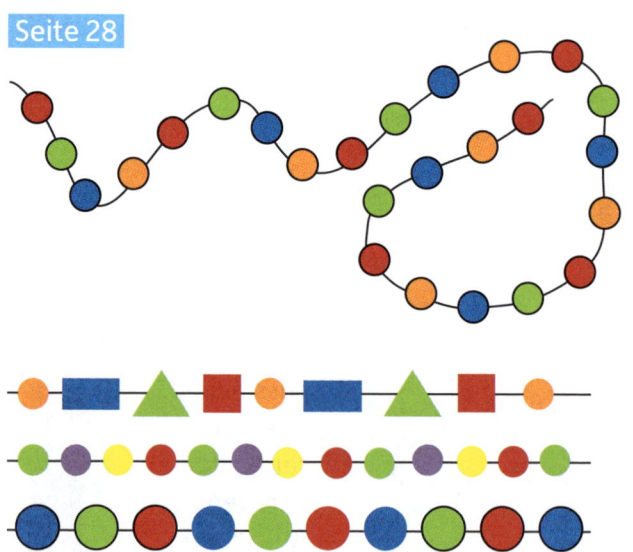

Seite 29

Seite 30

5 + 5 = **10**	4 + 6 = **10**
3 + 7 = **10**	1 + 9 = **10**
8 + 2 = **10**	10 + 0 = **10**

Seite 31

1 **+ 4**	2 **+ 4**	6 **+ 4**	1 **+ 4**	5 **+ 4**	3 **+ 4**
5	6	10	5	9	7

1 **+ 5**	4 **+ 5**	3 **+ 5**	5 **+ 5**	2 **+ 5**	0 **+ 5**
6	9	8	10	7	5

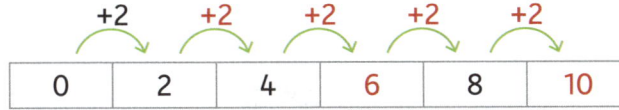

0	2	4	6	8	10

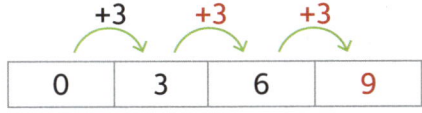

0	3	6	9

+1	+ 3	+ 2	+ 1	+ 3

0	1	4	6	7	10

Seite 32

$3 + 5 = \mathbf{8}$ $1 + 8 = 9$ $2 + 2 = 4$

$2 + 3 = 5$ $3 + 3 = 6$ $5 + 4 = 9$

$3 + 4 = 7$ $5 + 5 = 10$ $4 + 4 = 8$

$4 + 5 = 9$ $5 + 2 = 7$ $4 + 2 = 6$

Stimmen alle Ergebnisse? Dann ist dein Bild schön bunt geworden.

Seite 33

| 2 | 5 | 3 | 6 | 4 |

Seite 34

$2\,€ + 4\,€ = 6\,€$

$3\,€ + 5\,€ = 8\,€$

$7\,€ + 2\,€ = 9\,€$

$6\,€ + 1\,€ = 7\,€$

Bedeutung der Spielfelder

Haus:

Würfle mit beiden Würfeln und **rechne** die Augenzahlen beider Würfel **zusammen**.

Falls du **Fehler** gemacht hast, musst du **zwei Felder zurückgehen**!

Tiere:

Erfinde zur Anzahl der Tiere eine passende **Minusrechenaufgabe**.

Beispiel: „Feld mit 7 Gänsen" (Bild)
$9 - 2 = 7$ oder $10 - 7 = 3$

Wenn du richtig gerechnet hast, darfst du laut schnattern wie eine Gans, wiehern wie ein Pferd, grunzen wie ein Schwein usw.

Falls du **Fehler** gemacht hast, musst du **zwei Felder zurückgehen**!

Traktor:

Sage ganz schnell die Zahlen von 1 bis 10 oder, wenn du schon kannst, von 1 bis 20 auf.

Falls du **Fehler** gemacht hast, musst du **zwei Felder zurückgehen**!

Und jetzt ganz viel Spaß beim Spielen!

Rechner
Baue

Start

auf dem

nhof

Ziel

Spielanleitung

Ihr braucht:

- 1 Spielfeld (Innenteil)

(Trennt die Doppelseite vorsichtig heraus.
Tipp: Laminiert oder beklebt das Spiel mit durchsichtiger Folie, damit es länger hält.)

- 1 Spielfigur für jeden Mitspieler und jede Mitspielerin
- 2 Würfel

Spielzeit:

Wer zuerst das Feld „Ziel" erreicht hat, hat gewonnen.

Und gleich geht's los! (Spielablauf)

1. Stellt alle Spielfiguren auf „Start".
2. Das jüngste Kind beginnt und würfelt mit **einem Würfel**. Dann geht er mit der angegebenen Zahl (in Spielrichtung) nach vorne.
3. Auf dem Feld angekommen müsst ihr Aufgaben lösen.

Seite 35

6 + 2 = 8

4 + 5 = 9

2 + 5 = 7

Seite 36

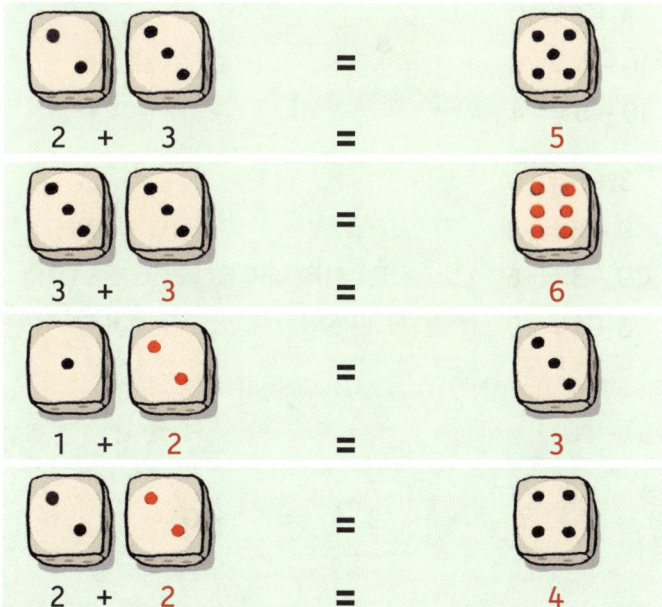

2 + 3 = 5

3 + 3 = 6

1 + 2 = 3

2 + 2 = 4

Seite 37

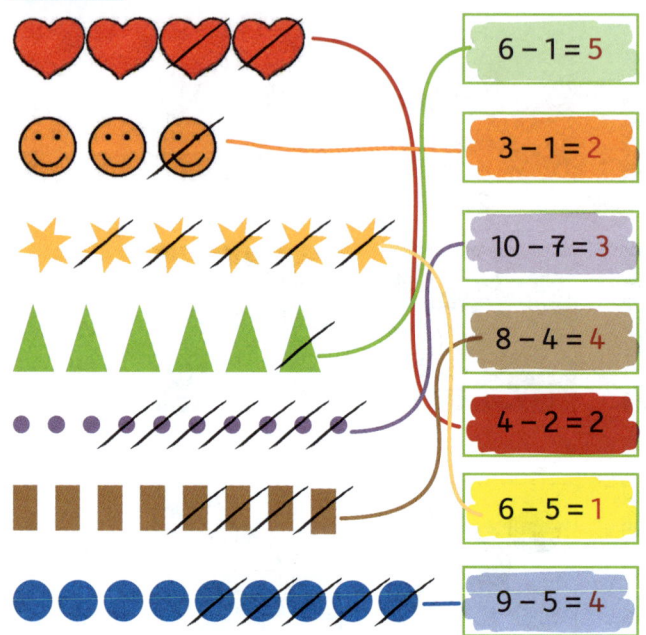

6 − 1 = 5

3 − 1 = 2

10 − 7 = 3

8 − 4 = 4

4 − 2 = 2

6 − 5 = 1

9 − 5 = 4

Seite 38

5 + 3 = **8**   6 + 4 = 10

3 + 5 = 8   4 + 6 = 10

8 − 3 = 5   10 − 4 = 6

8 − 5 = 3   10 − 6 = 4

	8	
5		3

	10	
7		3

1 + 7 = **8**   3 + 6 = 9

8 − 7 = 1   9 − 6 = 3

8 − 1 = 7   9 − 3 = 6

7 + 1 = 8   6 + 3 = 9

9	
5	4

	9	
5		4
2	3	1

Seite 39

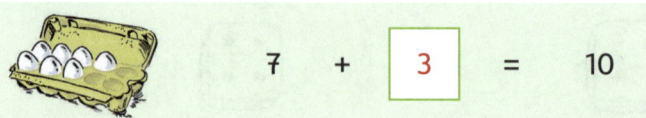

7   +   3   =   10

5 + 5 = 10

4 + 6 = 10

2 + 8 = 10

Seite 40

10 − 4 = 6

8 − 3 = 5

5 − 1 = 4

Einen Apfel habe ich gegessen.

Seite 41

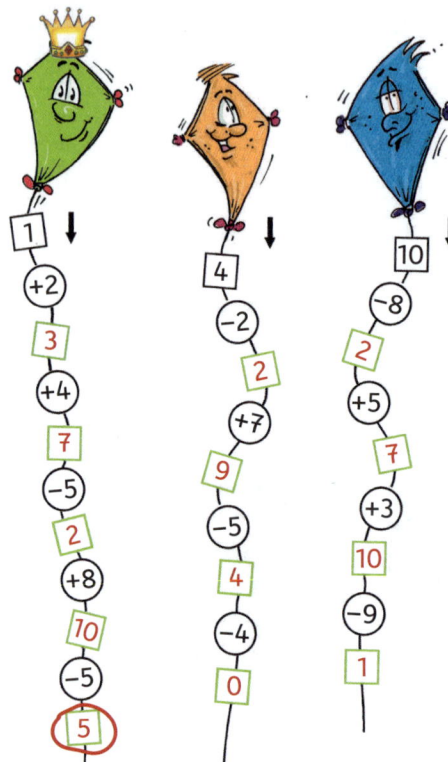

Seite 42/43

3 + 1 = 4	6 + 1 = 7
3 + 2 = 5	6 + 2 = 8
3 + 3 = 6	6 + 3 = 9
3 + 4 = 7	6 + 4 = 10
3 + 5 = 8	4 + 1 = 5
3 + 6 = 9	4 + 2 = 6
3 + 7 = 10	4 + 3 = 7
5 + 1 = 6	4 + 4 = 8
5 + 2 = 7	4 + 5 = 9
5 + 3 = 8	4 + 6 = 10
5 + 4 = 9	7 − 7 = 0
5 + 5 = 10	7 − 6 = 1
5 − 5 = 0	7 − 5 = 2
5 − 4 = 1	7 − 4 = 3
5 − 3 = 2	7 − 3 = 4
5 − 2 = 3	7 − 2 = 5
5 − 1 = 4	7 − 1 = 6
	3 − 3 = 0
	3 − 2 = 1
	3 − 1 = 2

Seite 44

Wie viele Beine siehst du? 10  1 3

Meine gesuchte Zahl ist das Doppelte von 2: 4

Meine Zahl ist die Hälfte von 10: 5

Meine Zahl ist um 3 größer als 5: 8

Meine Zahl ist um 4 kleiner als 9: 5

Meine Zahl erhältst du, wenn du das Doppelte von 2 noch einmal verdoppelst: 8

Seite 45

$2 + 3 = 5$ $5 + 4 = 9$ $6 + 2 = 8$
$3 + 2 = 5$ $4 + 5 = 9$ $2 + 6 = 8$

$4 + 3 = 7$ $6 + 4 = 10$ $7 + 3 = 10$
$3 + 4 = 7$ $4 + 6 = 10$ $3 + 7 = 10$

$5 + 3 = 8$ $7 + 1 = 8$ $6 + 3 = 9$
$8 - 3 = 5$ $8 - 1 = 7$ $9 - 3 = 6$

$8 - 4 = 4$ $7 - 3 = 4$ $10 - 3 = 7$
$4 + 4 = 8$ $4 + 3 = 7$ $7 + 3 = 10$

Seite 46

Lösungen

2 + 2 = **4** → H
4 + 4 = 8 Ü
10 − 6 = 4 H
5 + 4 = 9 N
9 − 2 = 7 E
10 − 9 = 1 R
8 − 6 = 2 S
3 + 3 = 6 T
2 + 3 = 5 A
9 − 6 = 3 L
2 + 1 = 3 L

Stupsi ist im HÜHNERSTALL.

$$\underset{5}{2+3} < \underset{9}{4+5}$$

$$\underset{2}{7-5} < \underset{4}{8-4} \qquad \underset{4}{10-6} = \underset{4}{2+2}$$

$$\underset{10}{4+6} > \underset{8}{9-1} \qquad \underset{4}{7-3} < \underset{5}{1+4}$$

$$\underset{5}{10-5} < \underset{6}{3+3} \qquad \underset{8}{4+4} > \underset{0}{3-3}$$

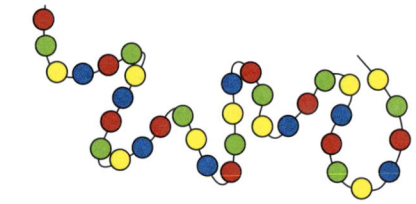

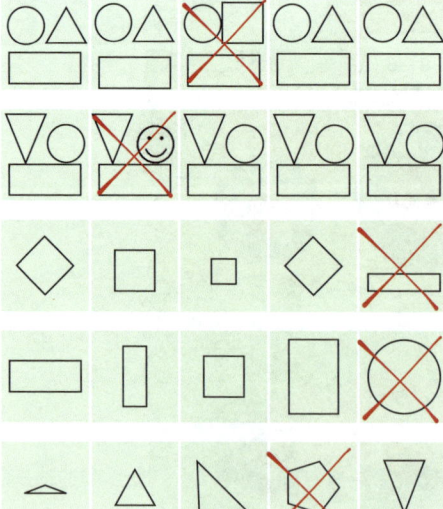

Seite 50/51

Frage: Wie viele Flaschen bleiben im Regal übrig?
Ich rechne: 9 − 4 = 5
Im Regal bleiben 5 Flaschen übrig.

Frage: Wie viele Hasen sind im Freilauf?
Ich rechne: 2 + 4 + 3 = 9
Es sind insgesamt 9 Hasen im Freilauf.

Frage: Wie viele Eier fehlen in der Schachtel?
Ich rechne: 4 + 6 = 10 oder 10 − 4 = 6
Es fehlen 6 Eier.

Frage: Wie viele Karotten haben die
Hasen aufgefressen?
Ich rechne: 7 − 4 = 3
Die Hasen haben 3 Karotten aufgefressen.

Frage: Wie viele Kühe sind noch auf der Weide?
Ich rechne: 10 − 3 − 4 = 3
Jetzt sind noch 3 Kühe auf der Weide.

Frage: Wie viele Eier hat das andere Huhn gelegt?
Ich rechne: 8 − 3 = 5
Das andere Huhn hat 5 Eier gelegt.

Seite 52

 13   15   18

Seite 53

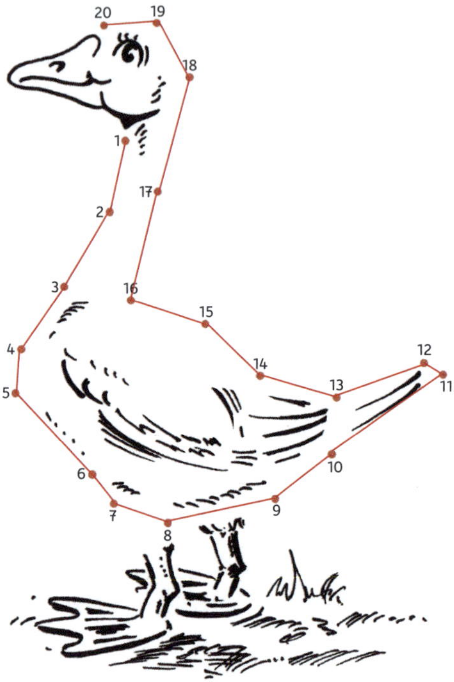

Seite 55

17

11

13

20

Seite 56

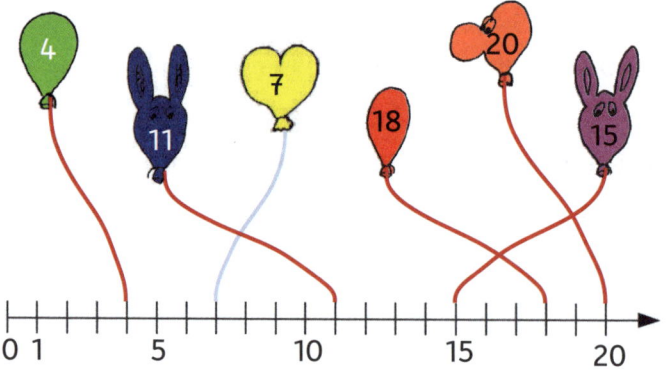

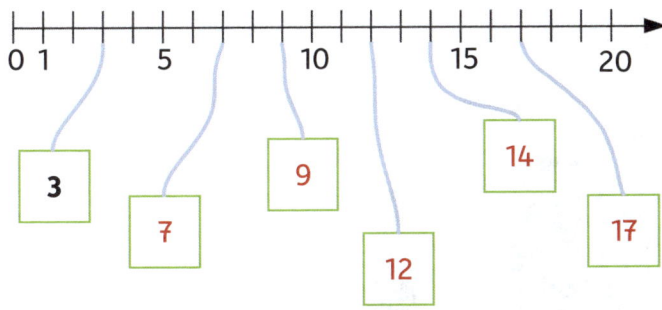

Seite 57

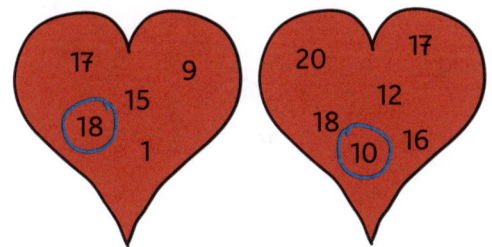

Seite 58

19	+1 →	20	15	+5 →	20
12	+8 →	20	10	+10 →	20
13	+7 →	20	17	+3 →	20
9	+11 →	20	5	+15 →	20
7	+13 →	20	3	+17 →	20

+2 → 5 → +6

3

11

− 2

9

+ 6

15

− 8

7

+ 7

14

− 8

6

+ 4

10

−10

=0

Ein Traktor.

Frage: Wie viele bleiben übrig?

R: $20 - 4 - 5 = 11$

A: Es bleiben 11 Flaschen übrig.

2	5	3	9	10
4	10	6	18	20

2	8	10	12	16	14	20	18
1	4	5	6	8	7	10	9

+	3	5	7
10	13	15	17
13	16	18	20

+	4	6	8
9	13	15	17
12	16	18	20

−	7	9	13
20	13	11	7
14	7	5	1

+9

5	14
8	17
11	20

Seite 63

$$\underset{16}{12 + 4} \quad \boxed{>} \quad \underset{15}{20 - 5} \qquad \underset{20}{12 + 8} \quad \boxed{>} \quad \underset{11}{17 - 6}$$

$$\underset{7}{16 - 9} \quad \boxed{<} \quad \underset{15}{7 + 8} \qquad \underset{7}{14 - 7} \quad \boxed{<} \quad \underset{18}{15 + 3}$$

$$\underset{10}{19 - 9} \quad \boxed{=} \quad \underset{10}{5 + 5} \qquad \underset{20}{17 + 3} \quad \boxed{>} \quad \underset{19}{14 + 5}$$

$$\underset{11}{19 - 8} \quad \boxed{<} \quad \underset{15}{11 + 4} \qquad \underset{9}{18 - 9} \quad \boxed{=} \quad \underset{9}{15 - 6}$$

$$\underset{18}{11 + 7} \quad \boxed{>} \quad \underset{16}{18 - 2} \qquad \underset{14}{20 - 6} \quad \boxed{=} \quad \underset{14}{10 + 4}$$

Seite 64

  In einer Schachtel sind 6 Eier.

Frage: Wie viele Kisten sind es zusammen?

R: 1 + 4 + 3 + 5 + 2 = 15

A: Es sind zusammen 15 Kisten.

Seite 65

Frage: Wie viele müssen eingefangen werden?

R: 4 + 8 + 8 = 20

A: Es müssen 20 Hasen eingefangen werden.

Frage: Wie viele Flaschen wurden verkauft?

R: 3 + 5 + 1 = 9

A: Es wurden 9 Flaschen verkauft.

Seite 66

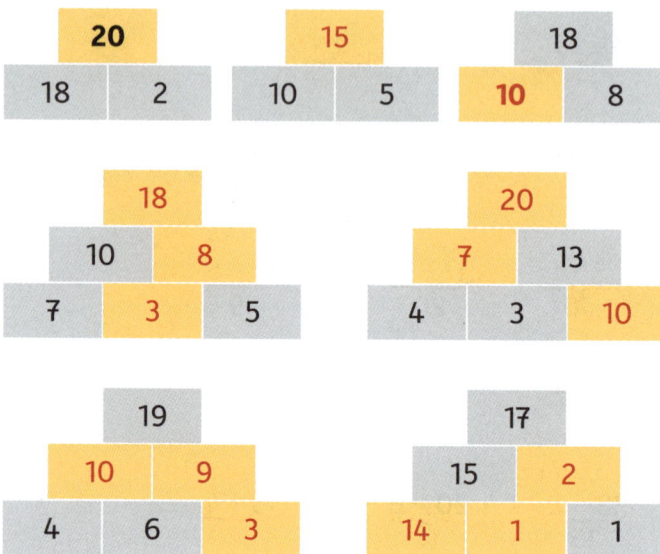

Seite 67

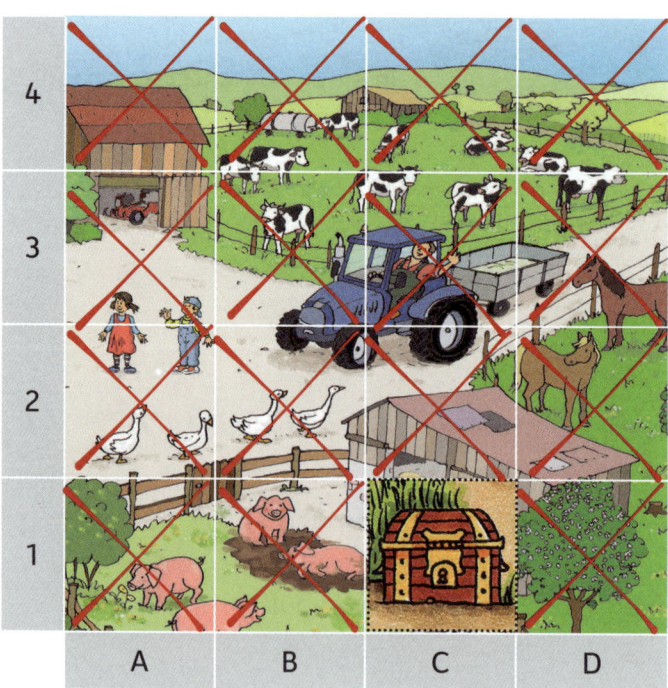

▶ **Rechne zu den Bildern. Male dazu, wenn du willst.**

6 + ___ = ___

___ ☐ ___ = ___

Was kommt dazu?

___ ___ = ___

► Rechne, ergänze und male dazu.

2 + 3 = ____

3 + ____ = ____

1 + ____ = ____

2 + ____ = ____

Was passt zusammen?

▶ Rechne aus.

▶ Suche das passende Bild dazu und verbinde es.

▶ Male die Aufgabe mit der gleichen Farbe an.

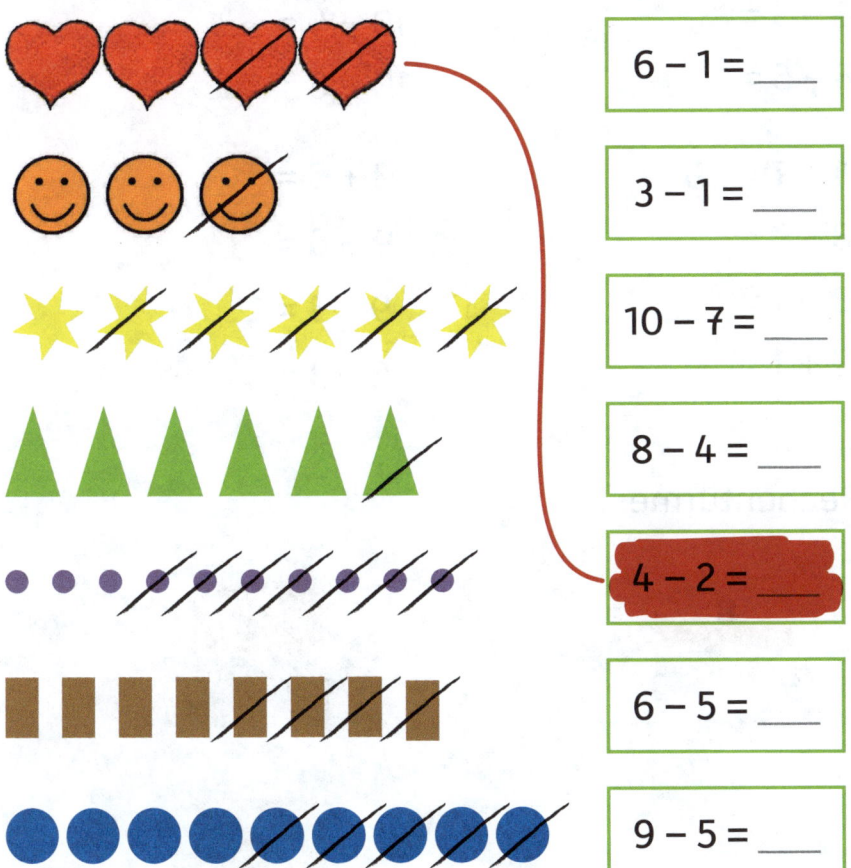

6 − 1 = ___

3 − 1 = ___

10 − 7 = ___

8 − 4 = ___

4 − 2 = ___

6 − 5 = ___

9 − 5 = ___

Aufgabenfamilien

▶ Rechne aus.

5 + 3 = **8**   6 + 4 = ___

3 + 5 = ___   4 + 6 = ___

8 − 3 = ___   10 − 4 = ___

8 − 5 = ___   10 − 6 = ___

1 + 7 = **8**   3 + 6 = ___

8 − 7 = ___   9 − 6 = ___

8 − 1 = ___   9 − 3 = ___

7 + 1 = ___   6 + 3 = ___

Rechentürme

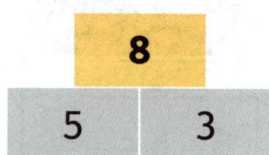

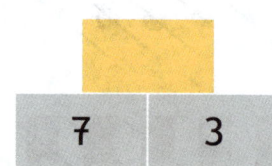

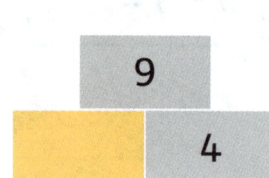

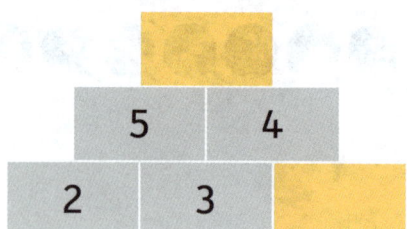

Die Kinder helfen Tante Anna
im Hühnerstall.

In eine Eierschachtel gehören immer **10 Eier**.
▶ Schreibe die passende Rechenaufgabe daneben.

7 + ☐ = 10

5 + ☐ = ☐

☐ + ☐ = ☐

☐ + ☐ = ☐

▶ Minusgeschichten: Rechne aus.

Diese Schafe sind auf der Weide. **–** Diese Schafe laufen weg. **=** So viele Schafe sind dann noch da.

_____   _____   _____

_____ ☐ _____ = _____

_____ ☐ _____ = _____

40

- ▶ Rechne aus.
- ▶ Kreise das größte Ergebnis rot ein.
- ▶ Male diesem Drachen ein Krönchen.

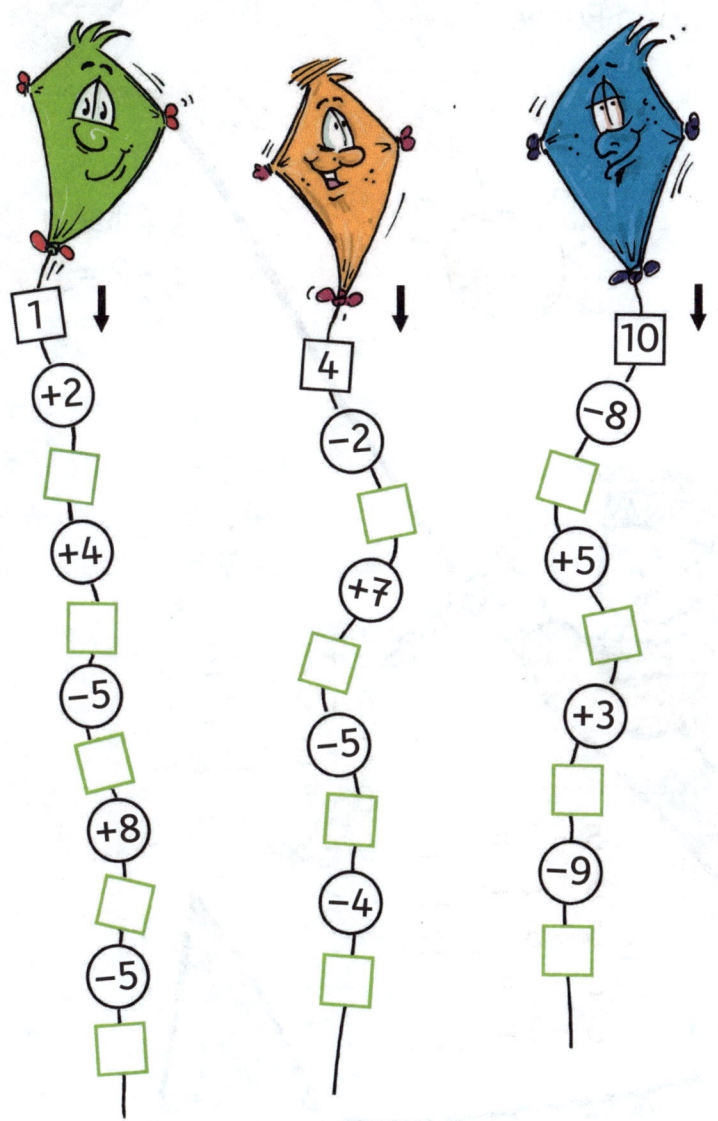

In einer Nacht träumt Tom von Abenteuern, die er in einem Zelt erlebt. Hilf ihm bei den Aufgaben auf seinem Rechenzelt.

▶ Schreibe das Ergebnis mit der passenden Farbe.

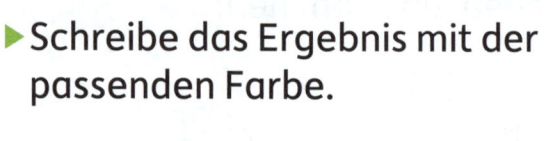

$3 + 1 =$ ___
$3 + 2 =$ ___
$3 + 3 =$ ___

$3 + 4 =$ ___
$3 + 5 =$ ___
$3 + 6 =$ ___
$3 + 7 =$ ___

$5 + 1 =$ ___
$5 + 2 =$ ___
$5 + 3 =$ ___
$5 + 4 =$ ___
$5 + 5 =$ ___

$5 - 5 =$ ___
$5 - 4 =$ ___
$5 - 3 =$ ___
$5 - 2 =$ ___
$5 - 1 =$ ___

6 + 1 = ___
6 + 2 = ___
6 + 3 = ___
6 + 4 = ___

4 + 1 = ___
4 + 2 = ___
4 + 3 = ___
4 + 4 = ___
4 + 5 = ___
4 + 6 = ___

7 − 7 = ___
7 − 6 = ___
7 − 5 = ___
7 − 4 = ___
7 − 3 = ___
7 − 2 = ___
7 − 1 = ___

3 − 3 = ___
3 − 2 = ___
3 − 1 = ___

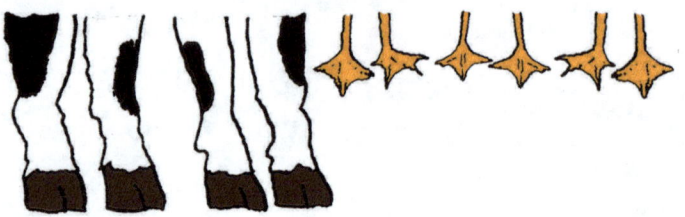

Wie viele Beine siehst du?

▶ Wie viele Kühe und wie viele Gänse gehen hier spazieren? Überlege!

▶ Die Kinder denken sich Zahlen aus und machen Zahlenrätsel daraus. Löse sie!

Meine gesuchte Zahl ist das Doppelte von 2:

Meine Zahl ist die Hälfte von 10:

Meine Zahl ist um 3 größer als 5:

Meine Zahl ist um 4 kleiner als 9:

Meine Zahl erhältst du, wenn du das Doppelte von 2 noch einmal verdoppelst:

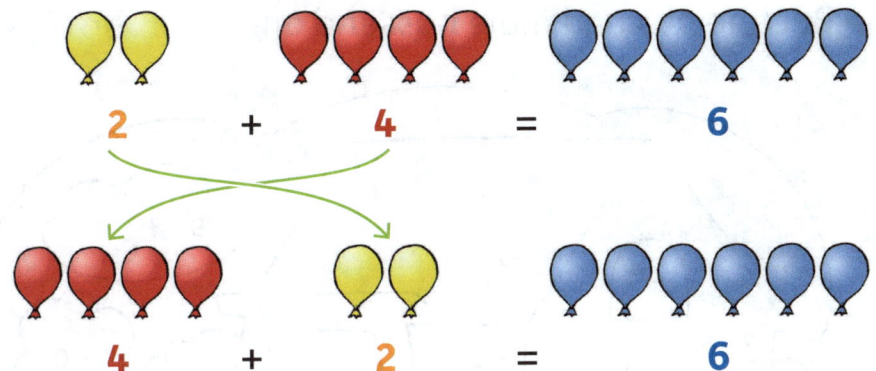

2 + 4 = 6

4 + 2 = 6

▶Rechne und schreibe die Tauschaufgabe dazu.

2 + 3 = ___   5 + 4 = ___   6 + 2 = ___

3 + 2 = ___   4 + ___ = ___

4 + 3 = ___   6 + 4 = ___   7 + 3 = ___

_____   _____   _____

▶Rechne und schreibe die Umkehraufgabe dazu.

5 + 3 = ___   7 + 1 = ___   6 + 3 = ___

8 – 3 = 5   8 – 1 = ___   9 – ___ = ___

8 – 4 = ___   7 – 3 = ___   10 – 3 = ___

4 + ___ = ___   4 + ___ = ___   ___ + ___ = ___

▶ Rechne aus und male passend an.

2 = weiß   5 = grün   8 = orange

3 = schwarz   6 = blau   9 = braun

4 = rot   7 = gelb   10 = rosa

Oh, jemand hat die Stalltür von Hase Stupsi offen gelassen. Er ist weg! Wo ist er?

▶ Rechne aus, dann weißt du es.
Für jedes **Ergebnis** steht ein **Buchstabe**:

▶ Lies von oben nach unten das **Lösungswort**.

2 + 2 =	**4** →	H
4 + 4 =		
10 − 6 =		
5 + 4 =		
9 − 2 =		
10 − 9 =		
8 − 6 =		
3 + 3 =		
2 + 3 =		
9 − 6 =		
2 + 1 =		

1	R
2	S
3	L
4	H
5	A
6	T
7	E
8	Ü
9	N

Stupsi ist im

H									

.

Setze die Zeichen
> oder < oder = ein.
Schreibe das Ergebnis
darunter.

$2 + 3$ $\underbrace{}_{5}$ $\boxed{<}$ $4 + 5$

$7 - 5$ $\boxed{}$ $8 - 4$ $\qquad$ $10 - 6$ $\boxed{}$ $2 + 2$

$4 + 6$ $\boxed{}$ $9 - 1$ $\qquad$ $7 - 3$ $\boxed{}$ $1 + 4$

$10 - 5$ $\boxed{}$ $3 + 3$ $\qquad$ $4 + 4$ $\boxed{}$ $3 - 3$

Ich habe
eine Kette gemalt.
Welche Farben
fehlen?

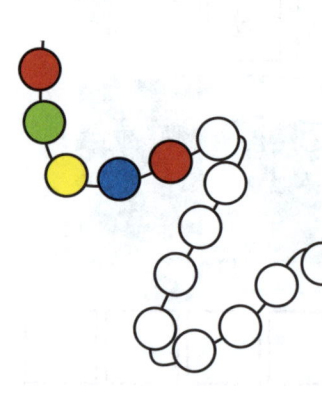

Ein Bild in jeder Reihe passt nicht dazu.

▶ Streiche es durch.
Male an, wenn du willst.

Wir lösen
Sachaufgaben!

Im Regal sind 9 Milchflaschen. 4 werden verkauft.

Frage: Wie viele Flaschen bleiben im Regal übrig?

Ich rechne: 9 − 4 = ___

Im Regal bleiben ___ Flaschen übrig.

Tom setzt 2 Hasen in den Freilauf, Eva 4 und Marie 3.

Frage: Wie viele Hasen sind im Freilauf?

Ich rechne: _____

Es sind insgesamt ___ Hasen im Freilauf.

In der Eierschachtel liegen 4 Eier. Es sollen 10 sein.

Frage: Wie viele Eier fehlen in der Schachtel?

Ich rechne: 4 + ___ = 10 oder 10 − 4 = ___

Es fehlen ___ Eier.

Die Hasen bekommen 7 Karotten.
Nach kurzer Zeit sind nur noch 4 Karotten da.

Frage: Wie viele Karotten haben die
Hasen aufgefressen?

Ich rechne: _____

Die Hasen haben ___ Karotten aufgefressen.

Auf der Weide stehen 10 Kühe.
Der Bauer führt erst 3, dann 4 Kühe in den Stall.

Frage: Wie viele Kühe sind noch auf der Weide?

Ich rechne: _____

Jetzt sind noch ___ Kühe auf der Weide.

Zwei Hühner haben zusammen 8 Eier gelegt. Eins
davon hat nur 3 Eier gelegt.

Frage: Wie viele Eier hat das andere Huhn gelegt?

Ich rechne: _____

Das andere Huhn hat ___ Eier gelegt.

Die Zahlen von 1 bis 20

Du kennst bestimmt die Zahlen von 1 bis 20.

▶ Fahre sie zur Übung nach:

| 1 | 2 | 3 | 4 | 5 | 6 | 7 | 8 | 9 | 10 |

| 11 | 12 | 13 | 14 | 15 | 16 | 17 | 18 | 19 | 20 |

Wie viele sind es?

▶ Zähle und schreibe die Zahl ins Kästchen.

Die Gans Emma schnattert:

▶ „Verbinde die Zahlen von 1 bis 20."

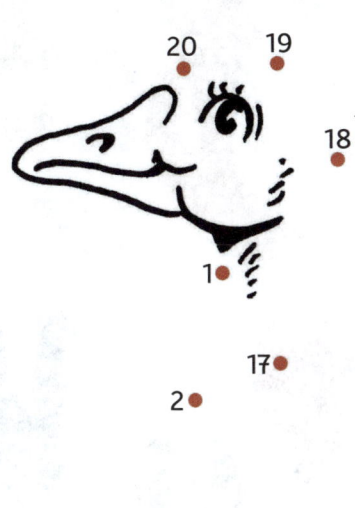
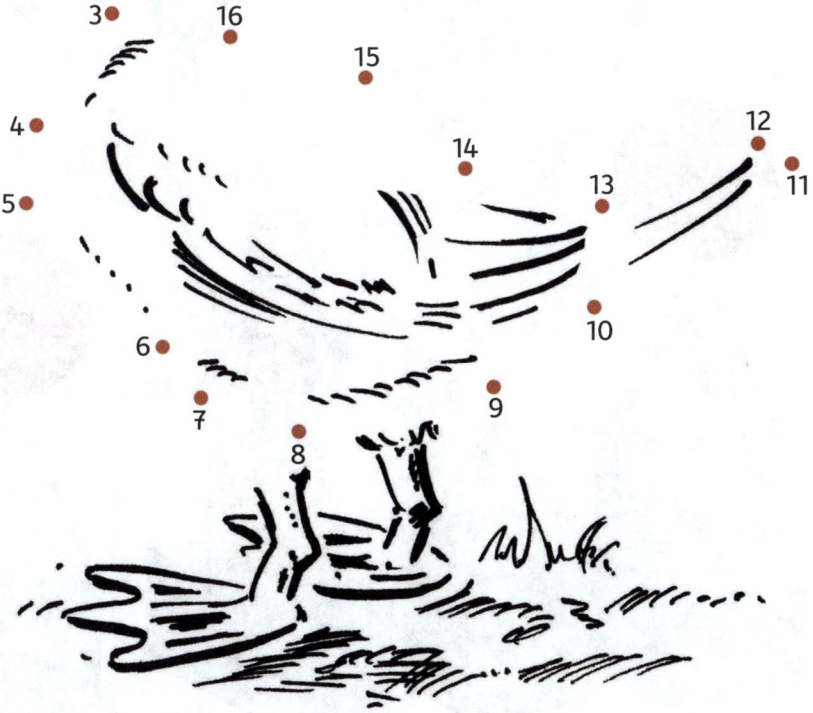

▶Fahre die Zahlen von 1 bis 20 nach.

54

▶ Zähle unsere Punkte. Schreibe die Zahl ins
Kästchen. Tipp: Streiche gezählte Punkte durch.

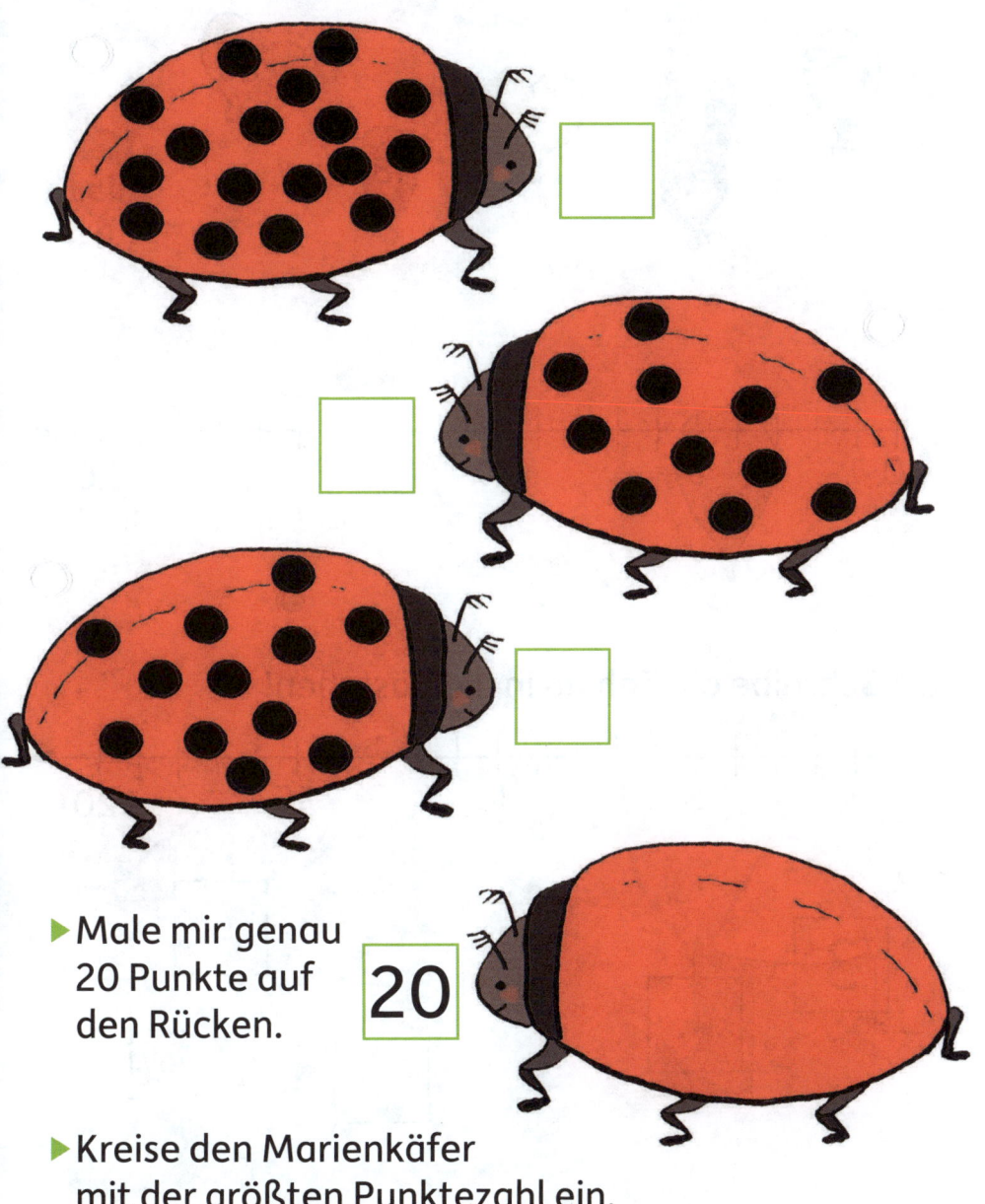

▶ Male mir genau
20 Punkte auf
den Rücken.

20

▶ Kreise den Marienkäfer
mit der größten Punktezahl ein.

▶ Verbinde die Luftballons mit dem Zahlenstrahl.

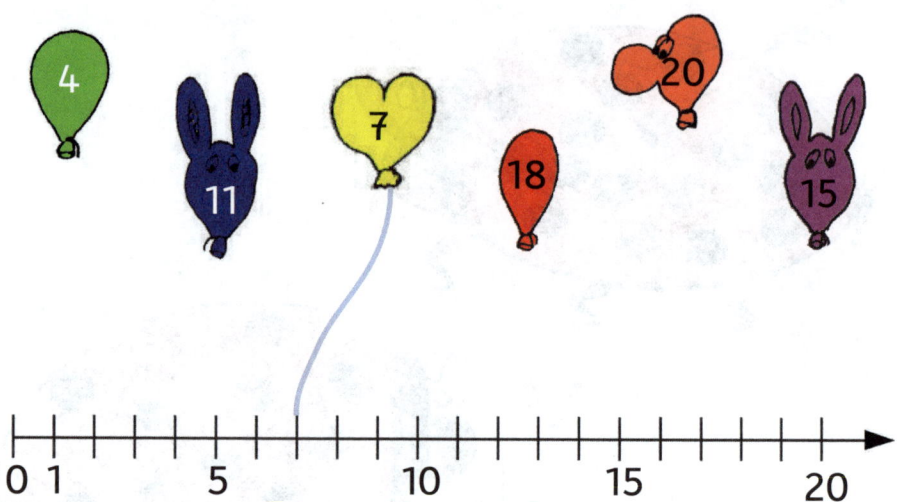

▶ Schreibe die Zahlen in die Kästchen!

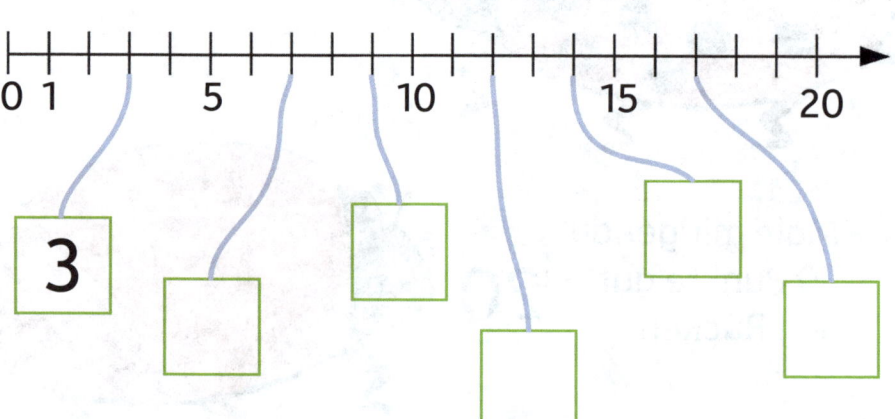

Welche Zahlen kommen davor und welche danach?

▶ Trage die fehlenden Zahlen ein:

▶ Kreise die **größte** Zahl ein:

▶ Kreise die **kleinste** Zahl ein:

Rechnen mit den Zahlen von 1 bis 20

Am Ostermontag machen die Kinder eine Schnitzeljagd, bei der es Aufgaben gibt:

1. Station:

Für die Hasen sollen immer 20 Karotten in einem Körbchen sein.

Frage: Wie viele müssen **noch dazugelegt** werden?

19 -(+1)→ 20   15 -( )→ 20

12 -( )→ 20   10 -( )→ 20

13 -( )→ 20   17 -( )→ 20

9 -( )→ 20   5 -( )→ 20

7 -( )→ 20   3 -( )→ 20

2. Station:

Bei Meerschweinchen Serli müssen die Kinder eine Kettenrechnung lösen.

▶ Schreibe das Endergebnis in den roten Kreis.

Beginne hier:

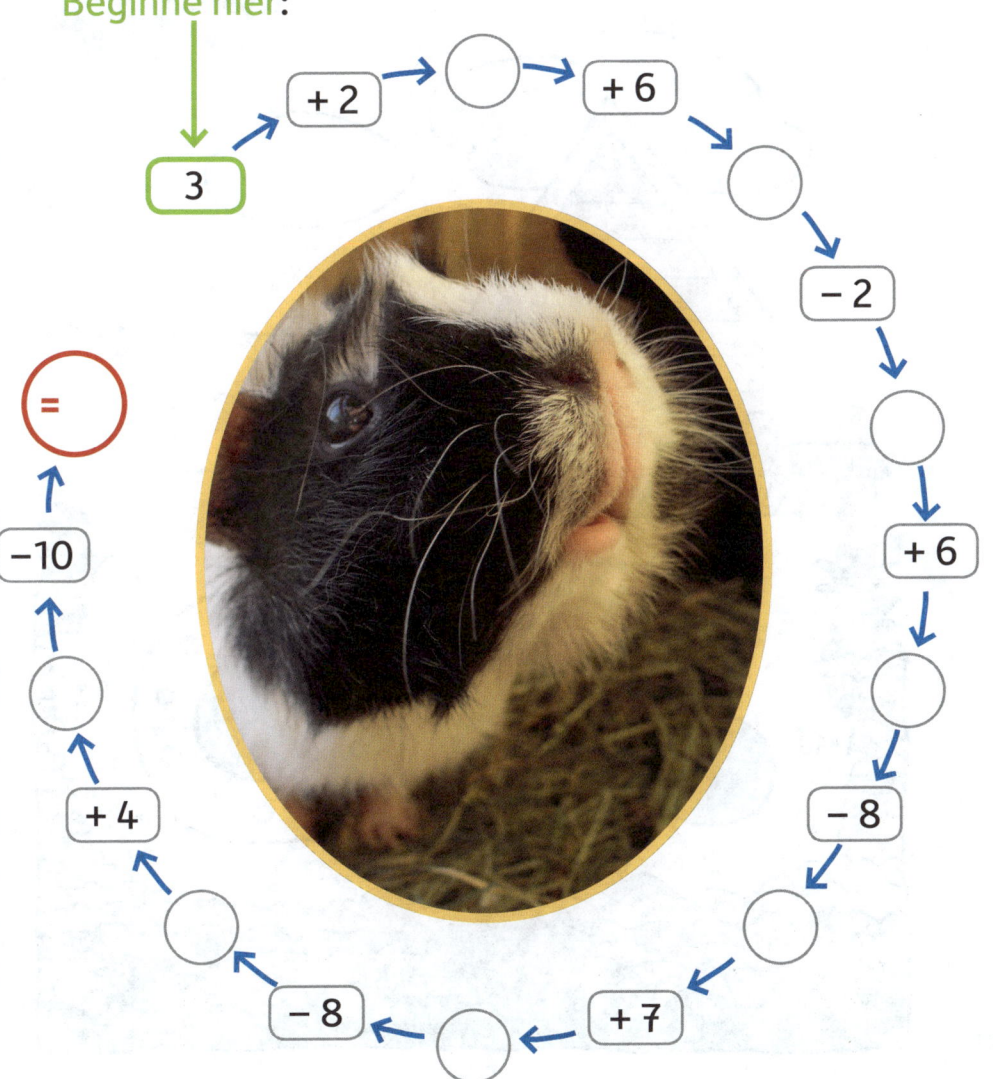

+ 2

+ 6

3

− 2

=

+ 6

−10

+ 4

− 8

− 8

+ 7

3. **Station**:

Bei Ziegenbock Willi darfst du die Punkte von 1 bis 20 verbinden.

4. Station:

Berta, die Kuh, staunt, wie gut die Kinder schon Sachrechnen können.

Die Bäuerin Anna hat 20 Milchflaschen im Geschäft. Davon verkauft sie 4 Flaschen an Frau Grün und 5 Flaschen an Frau Rot.

Frage: Wie viele bleiben übrig?

R: _____

A: Es bleiben ____ Flaschen übrig.

▶ Trage die fehlenden Zahlen ein:

Zahl	2	5		9	
das Doppelte	4		6		20

5. Station:

Die Gänse sollen gleichmäßig auf zwei Ställe aufgeteilt werden:

Zahl	2	8	10	12	16	14	20	18
die Hälfte	**1**							

▶ Rechne aus!

+	3	5	7
10			
13			

+	4	6	8
9			
12			

−	7	9	13
20			
14			

+9

5	
8	
11	

6. Station:

Diese Aufgaben finden die
Kinder bei den Schweinen.

▶ Setze das richtige Zeichen ein: >, < oder =.

$\underset{16}{\underbrace{12 + 4}}$ $\boxed{>}$ $\underset{15}{\underbrace{20 - 5}}$ 12 + 8 $\boxed{}$ 17 − 6

16 − 9 $\boxed{}$ 7 + 8   14 − 7 $\boxed{}$ 15 + 3

19 − 9 $\boxed{}$ 5 + 5   17 + 3 $\boxed{}$ 14 + 5

19 − 8 $\boxed{}$ 11 + 4   18 − 9 $\boxed{}$ 15 − 6

11 + 7 $\boxed{}$ 18 − 2   20 − 6 $\boxed{}$ 10 + 4

7. Station:

Im Schubkarren sind Zettel
mit Sachaufgaben versteckt.

Eva muss 12 Eier auf 2 Eierschachteln verteilen.
Male in jede Schachtel gleich viele Eier.

Frage: Wie viele Eier sind in einer Schachtel?

Antwort: In einer Schachtel sind ____ Eier.

In die Werkstatt trägt Marie 1 Kiste, Flori 4 Kisten,
Vroni 3 Kisten, Tom 5 Kisten und Eva 2 Kisten.

Frage: Wie viele Kisten sind es zusammen?

R: _____

A: Es sind zusammen ____ Kisten.

Aus dem Stall hoppeln erst
4 Hasen, dann 8 Hasen und zum
Schluss noch einmal 8 Hasen
heraus.

Frage: Wie viele müssen eingefangen werden?

R: _____

A: Es müssen ____ Hasen eingefangen werden.

Frau Nett kauft 3 Flaschen, Herr Frisch kauft 5
Flaschen und Johannes kauft 1 Flasche.

Frage: Wie viele Flaschen wurden verkauft?

R: _____

A: Es wurden ____ Flaschen verkauft.

8. Station:

Rechentürme machen Spaß!

20
18	2

10	5

18
	8

10	
7		5

	13
4	3	

19
4	6	

17
15	
		1

66

Am Schluss finden die Kinder
diese Schatzkarte.

Schneide aus!

▶Streiche diese Felder durch:

A4 - C4 - B3 - A2 - D4 - B1 - A1 - C2

D1 - B4 - A3 - B2 - D3 - C3 - D2

▶Ein Feld bleibt leer – dort liegt der Schatz!
Klebe dort die Schatzkiste auf.

Nun sind die schönen Ferien auf dem Bauernhof
vorbei. Tom und Eva denken:
„Hoffentlich dürfen wir bald wieder kommen."

Auch unser Buch ist jetzt zu Ende und wir sagen:
„Bis zum nächsten Mal!"